Das Skizzenbuch von Albrecht Dürer in der königlichen öffentlichen Bibliothek zu Dresden, Strassburg, 1905より。（本文41、124ページ参照）

構造・神話・労働

クロード・レヴィ=ストロース日本講演集

大橋保夫編
三好郁朗・松本カヨ子・大橋寿美子訳

みすず書房

CLAUDE LÉVI-STRAUSS
CONFÉRENCES AU JAPON

1977. 10-11

目次

民族学者の責任

一九七七・一〇・二四
東京・朝日講堂

幸福な時代

今夜お話する「民族学者の責任」という主題は、今からわずか二〇年前には、おそらく民族学者が取り上げようと考えもしなかったような問題であろうと思います。民族学者はその頃は心安らかでした。後めたい気持をもたず心安らかでいられるためにこそ、民族学を職業に選んだ人も多かったとさえ言えましょう。出身についての偏見や個人の経歴が論議と軋轢を引き起す社会を離れ、自分の生まれた社会から空間的にも遠く、またまったく異質な社会へ出かけていくことによって、私たち民族学者はいわば観想的対話、時間を越えた対話を結ぶことができたのであり、その対話に安心感を得ていたのであります。

考えてみますと、民族学は心静かでいられて当然だったのです。民族学には、理論的にも実践的にもその存在を正当化する理由がありました。まず理論的な面での理由を申しましょう。すでに一六世紀から、まだ民族学者とは申せませんが、後世に民族学的考察の基礎を作ることになる人びと、たとえばフランスではラブレーとかモンテーニュをはじめとする思想家が、神学者たちの非寛容と戦い続けてきました。一九世紀には、進化論と生物学的決定論の行きすぎに対して民族学が戦いました。二〇世紀になって、西欧合理主義の行きすぎと戦ったのも民族学でした。

また実践的にも正当化できる理由がありました。私たちがごく質素で、またきわめて困難な条件の下で研究をしていたからです。私たちは、故国を遠く離れ、ごく小さな人間集団の人たちと日常の仕事をともにいたします。それには自ら異文化社会になじむある種の能力が要求されます。そして、しばしば途方にくれるほどに違っている価値体系を学ぶのに苦行者のような修練に耐え、また長期間のフィールドでの孤独を忍ばねばならなかったのです。

こういう辛い仕事をしているという思いが民族学者の心を安らかにしていましたが、同時にそれは、ある種の尊大さ、少しばかりの虚栄心、一種の独善をも伴っていたのでしょう。そのためのちに非常に高い代償を払うことになるのであります。

観察対象への介入

こう申しましても、その頃でも、民族学者が責任というものを感じていなかったわけではありません。しかしそれは、いわばささやかな責任でありました。私たちが考えていたのは科学認識論的な面においての責任でした。

観察者としてある社会に住み込む民族学者の存在そのものが、その社会を変える恐れはなかろうかということ、すなわち、観察対象への観察者の干渉が問題だったのです。その意味するところを、より具体的に説明しましょう。民族学者はつねに、いわば体質的・本質的な難問と直面せざるを得ないのです。つまり、不可避的によそ者であるという立場と、いま生活している集団の中で友人でありたいという立場、両義性をうみ出すこの二重の立場を乗り超えなければなりません。言いかえれば、ある社会の観察者であると同時に、その社会の生活に参加することが可能かどうか、という疑問です。

それがほんとうに問題となったのは、せいぜい五〇年あまり前のことだと思います。人類学の創始時代の大家たちにとっては、まだそのことは問題にならなかったからです。私はとくにジェイムズ・フレイザー卿のことを考えているのですけれども、これから申しますことを批判ととっていただきたくはありません。フレイザー卿の膨大な著作に対して私は深い讃嘆の念を抱いております。フレイザー卿は生涯をかけて数十巻の書物を著わし、世界中のあらゆる民族の風習と信仰についての記述を集大成しました。ところが、「現地に行ってみたくありませんか」との問いに対してはいつも「まっぴらごめんです」と答えていたのです。

次にくるのは第二世代、中にはフランス人もおりましたが、主にアングロ・サクソン系の人類学者たちの場合です。この世代の人類学者は、遠くの国々まで出かけて行くには行きました。しかし、乗ってきた船からほとんど降りなかったり、降りたとしても植民地行政官の邸宅のベランダにゆったりと腰を落着け、一人二人の現地人をつれて来させてインフォーマントにするだけでした。最初の世代を英語で armchair anthropologists（ひじかけ椅子の人類学者）、第二の世代を rockingchair anthropologists（ゆり椅子の人類学者）と呼んだ所以です。

この状況は、第一次世界大戦のとき、「マリノフスキー革命」とも呼びうる変革によって一変しました。それは実は大部分が偶然の産物でした。大発見なるものはしばしばこのように偶然におこるのです。一九一五年、第一次大戦によりマリノフスキーがトロブリアンド諸島に足どめされて、英国に帰れなくなったという事情がなかったならば、彼は現地人の村の真中にテントを張って、自分が研究の対象とする人びとの生活に加わろうなどとは考えもしなかったでしょう。

その時以来、いくつかの問題がおこるようになったのです。まず実践上の問題があります。たとえば殺人のような自分自身の道徳的信念に反する事件に立会ったとき、民族学者はどう対処すべきなのでしょうか。より平凡な例では、インフォーマントのだれかが病気になったら、どうすべきでしょうか。治療をしてやるのが正しいのでしょうか。そうすれば、現地人とは異なる薬を用いるのですから、自分の社会の慣習を介入させることになります。それとも反対に、気をつけてあらゆる介入を避けるべきなのでしょうか。

私自身も、この種の問題に困った覚えがあります。それは一九三八―九年頃、ブラジル中部に住む半漂泊民の小集団ナンビクワラ族のところにいた時のことです。ナンビクワラ族は物質文化の面では地球上でもっとも単純素朴です。少くとも当時はそうでした。それにもかかわらず、毒にかけては非常にすぐれた能力と知識をもっているのです。

人に嫌われている一人のインディオがいて、しばしば私の小屋に来て、好んで私と食事をともにしていました。ところがある日のこと、それに気づいた何人かのインディオが私のところに毒をもってきて、それを食物に混ぜて例の男に食べさせろと言うのです。私が参加していた文化の厳格な規範を尊重するならば、私はこのすすめに従うところだったでしょう。私が実際にとった態度はおそらくまったく慣習に反したものでした。つまり、私は狙われている男に危険を話してやり、しばらくの間、何キロメートルか離れたところに姿を隠すように忠告したのです。

またほかに、次のような問題もありました。研究対象の社会が秘密にしている慣習についての知識をどうするか、民族学者がそれをどのように使うか、という問題です。マト・グロッソ[*]中部のボロロ族のところに行ったとき、パリの民族学博物館のためにある楽器を手に入れようとしたことがあります。それは楽器と言ってよいのかどうかわからぬ程度の簡単なもので、フランス語で rhombes ロンブ、英語で bull-roarers ブルローラーと呼ばれている、奇妙な音を出す道具[**]です。ところが、それは絶対に女の目にふれてはならないきまりになっているところから問題がおこりました。かつては、この禁を犯せば死をもって罰せられることになっておりました。私が滞在した当時ではそれほどではなくなっていたと思いますが、ともかくやはり大へん厳しい処罰を受けるのです。ところが、私が文明の地にもどるために乗る丸木舟に一人の現地人の女が同乗することとなりました。そこで私は、その女が私たちと別れるまでは貴重な荷物をけっして開かないという誓約――インディオにとっては誓約にあたるもの――をしなければなりませんでした。数年後にも同じような経験があります。ナンビクワラ族の神聖な品物を手に入れようとした時のことで、こんどは笛でしたが、女はそれを見てはいけないことになっているのです。

しかしこうした問題は、はるかに厳しくなる傾向にあります。ごく近年の話ですが、ニューギニアのバルヤ族と呼ばれる部族の調査をしていた若い民族学者たちが、極秘になっている男子の加入儀礼の詳細を知る機会を得ました。その地域に定住している宣教師たちの目には、まったく卑猥で見るに耐えぬものと写るに違いないような儀礼なのです。さて民族学者にとって問題になるのは、

＊　ブラジル中部。

＊＊　板の一端に紐をつけたもので、振りまわすと低い唸り音を発する。世界各地で、宗教儀礼に用いられる。『悲しき熱帯』(川田順造訳、中央公論社)下巻五五頁にボロロ族のブルローラーの図がのっている。(フランス語で「菱形」を rhombe というのは、古代ギリシアではブルローラーとともに回転すると菱形になるこまを ῥόμβος と呼んでいたからである。)

それを本に記すと、すぐその土地にいる人の目にふれることになるけれども、こうして現地人の秘密を漏らしてしまってよいものだろうかという点です。男子の加入儀礼を撮影し、バルャ族の人びと自身の承認を得るために映写して見せたときも、女性がその場所へ来ないように厳重な注意をすることが必要でした。

また別の若い民族学者は、ベネズエラ南部の、方言の違いでヤノマミ族ともヤノアマ族とも呼ばれるインディオの一集団を研究し、数多くの村の非常に正確な人口調査を行いました。それは南米では一万ないし一万五〇〇〇人という人口を維持しえた、おそらく最後の部族です。西欧文明との接触と同時にもたらされた伝染病のために、三〇人、四〇人、五〇人程度になってしまった集団がふつうだからです。ところがこの民族学者は、人口調査の結果の発表に踏み切ることができません。それが行政当局に利用されて、原住民集団の移動や、他の地域への強制移住という結果を引き起こすことを恐れるからです。新旧両世界の距離は小さくなりました。それが一因となって、責任の問題が過去のいつよりもずっと鋭い形で私たち民族学者に問われているのです。

民族学者が研究対象の社会に入りこむことによってその社会を変容させてしまう、という非難をしばしば受けますが、それに対しては、ともかく私たちは平静な心で考えることができます。民族学者が完全に無垢の状態の社会に誰よりも早く接し、それがその社会にとっては西欧世界とのはじめての接触であったというようなケースは、ごくわずかだからです。ほとんどの場合、民族学者が接する社会はすでに変質しています。もちろん程度の差はありますが、いずれにしても軍人、行政官、宣教師、商売人などの行為によってすでに変質しているのです。ですから民族学者のささやかな存在など、大した害悪の積み重ねにはなりません。

世界が小さくなったこと、民族学者は自ら望むと否とを問わずもはや中立ではいられないこと、研究としてなされる観察や判断が自分の意図とは異なった目的に利用されうること、私がはじめてそれに気づいたのは一九四一年か四二年にニューヨークへ亡命者として到着した時でした。フランスで戦時中を過ごし、ブラジル中部に長期滞在をして戻ってきたのです。写真のネガを多数持ち帰ったところ、到着するとすぐに米国の諜報機関 Office of Strategic Service から連絡があり、ネガ全部にできる限りの注釈をつけて複写してくれるようにというのです。一体なんのためなのでしょうか。南米のこの奥地にも、いつかは軍事作戦が展開されるかもしれません。そうすれば私の資料が役に立つかもしれないというわけだったのです。

より最近の例では、昔のインドシナ、今のベトナムを調査している民族学者が、この地域と住民に関するまったく科学的かつ客観的性格の著作を発表したところ、米軍の戦争目的のため利用、悪用されてしまったことがあります。

自分の体験の話を初めにしましたので、ついでにもう一例あげておきましょう。私は一九五〇年に高等研究院*の宗教学部門の研究指導官になりました。マルセル・モースとモーリス・レーナルトの後を継いだのですが、その講座は「未開民族宗教学」という名前がつけられていました。次の話はその講座を担当したごくはじめの頃の体験の一つです。ゼミナールのメンバーの一人が、何でしたか、あるアフリカの民族の慣習を扱った著作のリポートをしていました。すると聴講者の中にいた一人の黒人が立って申しました。「すみませんけれども、私自身、その本に書かれている民族の一員なのですが、私どもの慣習についてのその解釈の仕方には、賛成できないところがあります。」この時に私は、「未開民族」という用語はもう使えないとさとりました。そこで講座の名前を「無文字民族比較宗教学」と変えてもらったのです。非常によい言い方だとは申せませんけれども、これによって少なくとも、客観的で価値判断を含まぬ基準による名前にはなりました。

民族学の災難

こういう状況、このような雰囲気の中で、民族学の災難とも言うべきものが始まったのです。それはとくに、アメリカ合衆国において顕著な形であらわれました。他の国々とてもこの種の災いの例外ではないのですから、別の例を引くこともできるでしょう。しかしアメリカの実例を引くのは、それがこの大国にさえ非常に深い影響を与えたからであり、また数の上から言っても全世界の民族学者・人類学者のとても多くがこの国に集中していて、さらに、この種の問題がアメリカではとくに尖鋭な形で出てきたからです。

まず、一九六五年に先立つ数年間に、有名な「キャメロット計画」（キャメロットは暗号名）事件がありました。それは米軍から、直接ではなくて間接的に、たしかほぼ六〇〇万ドルにのぼる莫大な補助金を受けた研究計画で、「内乱の前提条件およびそれに対する現地人の地域的行動の影響についての基礎研究」（計画書の原文による）をいろいろな社会科学の専門家たちが行うというものです。わかりやすいことばに言いかえれば、ラテン・アメリカ、とくにチリにおける地方暴動または大衆蜂起の危険を調べに行くことだったのです。この計画には心理学者、社会学者、人類学者が参加しました。しかしその大部分は真の意図を知らず、思いがけず天から降ってきたような研究費を利用して、政治的目的、軍事的目的のまったくないフィールド調査をするのだと信じていたのです。ところが一九六五年に資金源が暴露され、学界で大騒ぎとなり、職業の義務に背く過失を犯したと判断される人びとへの迫害がはじまりました。

数年後にはいわゆる「ヒマラヤ計画」について同じ事件がおこりました。最近の重大な事件は「タイ計画」です。「タイ計画」はアメリカ政府でなく、タイ国の科学研究機関が計画したという

＊ Ecole pratique des Hautes études 大学院クラスの研究機関。ソルボンヌにあるが、社会科学部門は現在は独立して「社会科学高等研究院」になっている。

点で前の事件とはやや性格を異にします。タイ国奥地の丘陵地帯と山岳地帯の生活と地方組織の実情をまず調べ、ご存知の通りこの地方で今もずっと続いている阿片の密売にどのような対策が可能かを研究するのが目標でした。次の三つの対策が考えられていました。第一は住民の強制移住、つぎは国境警備隊による直接統治、第三はこの地方に対する徴税班の派遣です。そして、そのうちのどれを選ぶのがよいかが研究の目的でした。

一九七〇年に実情が暴露され、世界中でもっとも強力な人類学者の組織である「アメリカ人類学会」が「倫理委員会」A Committee on Ethics なる機構を設置し、それが内部統制を行うことになりました。内部統制はある場合には正しいかもしれません。しかしある場合には非常に危険なものになりかねません。社会科学に道徳がありうるのか、民族学者が直面するきわめて複雑で多様なケースのすべてに、一つの同じ型によって作った解決法を適用できるのか、換言すれば、それが善意に発するものであるとしても、正統派的立場を押しつけてよいのか、という問題がおこるからです。事実、著名なオーストラリアの人類学者が、合衆国とオーストラリアでこの上なく不当な非難攻撃にさらされるという痛ましい事件がありました。その人自身は完全に客観的な発想による研究しかしたことがないのです。

こういういくつかの事件が重なって、一九七〇年には「アメリカ人類学会」が宣言を出し、それが有名になりました。それは一種の職業法典となるもので、とくに重要な規定はつぎの三項です。

(1)個人的利益のためにインフォーマントを利用してはならない。(2)いかなる調査も秘密に行なってはならない。(3)研究者を迎え入れてくれる社会と協力する義務がある。いずれも結構な原則ですが、宣言するは易く、遵守するは難し、というところでしょう。

というのは、ある場合には、インフォーマントを用いてその話や供述を書き取ったり整理するだけで、著者が利益を自分のものにするのは完全に道徳的だろうかという疑問が生じうるからです。ビオッカの書いた『ヤノアマ』というすばらしい本についてその問題が起こりました。それは、ごく幼いときにインディオにさらわれた白人の女性が、長年インディオのところで生活したのち文明社会にもどって、自分の身の上に起ったことを物語ったものです。

プエルトリコとメキシコにおける『貧困の文化』*についてのオスカー・ルイスの非常に有名な研究なども同様に問題にされました。その著作の主要部分はテープレコーダーによる記録そのものだからです。しかし、民族学者がインフォーマントに頼らずに研究できないことは明らかですし、また村であれ小さな集団であれ、なんらかの社会で、自分を充分に信頼して質問と調査に答えてくれる二、三人と親密になるのがまさに民族学者の能力のすべてです。ところが物質面においては、研究成果から得られる利益をインフォーマントに与えるのが非常に困難な場合もあります。研究成果

＊　高山智博訳、新潮社、一九七〇。

は金銭で評価されず、学位とかその類のことで評価されるかもしれないからです。

原住民社会の破壊

この危機的状況、そこから起こる、時には正当で、時には不合理な反発は、もちろん、今日の世界で人類学者が置かれている条件によって説明がつきます。結局のところ、人類学者が目にするのは、大多数の場合、どのようなものでしょうか。それは入植の必要から強制移住させられる原住民、必要とあらば絶滅させられる原住民であり、強制労働に服させるための人狩りであり、資源を奪うために祖先伝来の所有地を取り上げられてしまった人びとであり、酒と麻薬に蝕まれてゆく現地人であり、警察の乱暴や拷問であり、爆撃される村々であり、枯葉作戦の被害を受けた作物であり、それまでは処女地であった地方を横断する道路なのです。

四〇年前に私が調査を行なったナンビクワラ族は、二―三年前に内陸入植開発の必要から移住させられました。移住先の地域はひどい荒蕪地で、そこで生活できるとは一瞬たりとも考えられなかったので、ナンビクワラ族は祖先伝来の地にもどるために数百キロもの行進を企てたのです。そして途中で四分の三が死んでしまいました。ついでに申しておきますと、元の土地もさほど豊かではなかったのです。

また、私がほぼ五〇年前によく知っていたマト・グロッソ地域で活動している大きな開発会社では、数年前でもまだ、こんなやり方をしていました。売りに出す地域に買手をヘリコプターで案内します。（もちろん、つねに何百ヘクタール、何千ヘクタールの取引です。）まだ村落が残っているのに気づくと、ポルトガル語で limpiadas、つまり「掃除ずみ」という条件でその土地を売りました。土地の所有権移転の前に必要な仕事を引き受ける殺し屋のチームがあったのです。

いまさき道路のことを申しましたのは、それが現在ヤノマミ族にふりかかっている重大な危険の一つ、おそらくもっとも重大な危険だからです。ヤノマミ族については先ほどお話ししましたが、アメリカ専門の民族学者が強い関心を寄せている部族です。発見時に比べうる人口を保つ、南米で最後の民族だからです。ブラジル北部、ギアナおよびベネズエラとの国境にほぼ沿って五〇〇〇キロにわたってのびる「北方辺境道路」と呼ばれている道路があります。この道路が作られた目的は、ヤノマミ族のテリトリーに豊かに埋蔵されていると考えられるウラン鉱を採掘するためです。ところが、道路を通したことからまったく思いがけぬ影響がでました。このようなケースはどこにでもありますから、一例としてあげておきましょう。つまり、道路開通の結果、インディオたちに眼の腫瘍がはやり、失明する者さえでてきたのです。どうしてなのでしょうか。道路が通ったことにより鳥類が死んだり、遠くへ行ってしまったりしました。ところが、かつてはその鳥たちがこの特殊な眼病を媒介するハエを食べてくれていたというわけでした。自然の均衡の破壊が、いかにまったく予測できない結果をもたらすかということを、この例はよく示しています。

民族学の危機

この種の状況を前にし、たくさんの恐るべき事実、貧困、苦悩の目撃者である民族学者に対して、当然、「何をなすべきか」という倫理的問題がおこります。現地人の味方という立場を明確にすべきでしょうか。でもそうすれば、国家が民族学者の立入りを許可しなくなるでしょうから、広汎な範囲にわたって民族学研究が不可能になります。それでは矛盾は心の中に秘めておくべきでしょうか。そうすれば精神的・倫理的にさまざまな問題が生じ、結局のところ、研究意欲も失われるでしょう。ですから、これでおわかりいただけると思いますが、民族学は危機的状況にあります。そして、この危機は今さきのべた露骨で野蛮なおきまりの現象に加えて、よりデリケートで複雑な原因に由来するものです。

このような危機がおこったのは、というよりおこりつつあるのは——いま私たちはそのさなかに生きているのですから——一つには研究対象の社会の事情により、一つには民族学者の出身社会の内的危機という事情によります。

研究対象社会の事情としては、まずごく単純な事実があります。伝統的に民族学者が研究していた無文字民族は驚くべき速度で消滅しつつあります。もちろんその不安は、私たちの先輩がずっと前から抱いておりました。今日私が申し上げていることは、一世紀前にも、さらには一九世紀のごくはじめ、人間観察のための最初の協会ができた頃にさえ耳にすることができたかもしれません。これらの無文字民族はなくなる運命にあるのだから研究できる時間は限られている、という論議は昔から出されていました。ですから、それは何も新しいことではありません。新しいのは、消滅が進んでゆくそのテンポの現時点での速さです。この速さでいくと、五〇年後には民族学的研究の対象として典型的な特徴をもつ社会はもはや一つも残っていないだろうと言って差支えありません。

もとより、それらの社会がすべて、人間まですっかり消え去ってしまうわけではありません。さいわいにして生き残る社会もあり、必要な人口を維持するでしょうが、それも非常な速さで変貌を遂げるでしょう。その結果の第一は、それらの社会に属する人たちが、物のように研究されることをますます許さぬようになることです。第二は、歴史の浅い政府が民族学者に向ける非難です。古い慣習はできるだけ早くなくして、発展の妨げにならぬようにせねばならぬと考えているのに、民族学者が、消滅する運命にあるこれらの慣習の研究に力を入れて、むしろそれを励ましているのはけしからぬというのです。

こうして奇妙なパラドックスが生じます。民族学者は研究対象とする文化への共感と敬意の念から、文化相対主義をうち出しました。それによると、いかなる文化も他の文化の道徳的・知的価値を判断できるような基準をもちません。文化は、それぞれがいくつかの可能性の中からの一つの選択であり、その選択は相互に比較したり還元したりはできません。したがって、ある文化の価値の名において他の文化の価値に判断を下すことはできないわけです。この相対主義理論こそ、研究対象の民族と私たちの深い親密な合意を作り出す手段だと私たちは思っていたのですが、相手の民族自身の方がそれを斥けるのです。同じ進歩、同じ発展、同じ完成度、同じ工業化、同じ機械文明の創始を望み、模倣の必要を感じているのに、なにごとについてであれ相違を持ち出して、同じ発展が望みえないという話になっては困るからです。したがって、自らを「異なるもの」と感じたり、「異なるもの」として規定されるよりは、「遅れたもの」と規定されることを好むでしょう。共通の尺度の上で、あとさきの差があるだけならば、失った時間をすぐに取り戻せるという見通しはともかく立てられるからです。

以上、対象社会の方に見出される問題点についてお話しました。それはしばしば、具体的には、民族学者たちが伝統的に研究してきた地域への立入りを禁じられるという結果になって現われます。そういう地域が、つぎつぎと民族学者に対して閉ざされてゆきます。あっさりと完全に閉鎖になった場合もありますし、細かな規則が設けられて、フィールドには政府の役人の同行を必要とするとか、その国の人を何人か連れて行かなければならないという場合もあります。(現地人を同行するのはまったく正しいことであり、また民族学研究を習得させるのには非常によい方法ですが、養成、教育、自分の調査の三つを同時に行うのは困難です。)

こういう反動が、正当なものでありながら、同時に民族学研究をどれほど不毛にしているか、例を一つだけあげて説明いたしましょう。かつて「エスキモー」と呼ばれた人びと――今は自分たちが使っていて「人間」を意味する言葉である「イヌイット」という名で呼んでほしいと要求しています――このイヌイットについて現在進行中の調査研究が一〇〇〇件ほどもあります。(一〇〇〇件がみな民族学の研究ばかりというわけではありません。社会科学諸分野の研究だと申しておきましょう。)さてイヌイットたちは、こうして研究者が殺到し、列をなしてまったく同じ質問を浴びせるのにすっかり疲れ果ててしまいました。そこで現在では、調査したいと望む対象の集団から許可がない限り、イヌイットたちのところへ調査に行くことはできなくなってしまいました。

またあるいは、一種の理想だとして中間的解決法が定められたりしています。古来の儀式を行うときには、民族学資料を豊富にもつ博物館が、その資料を昔の持主に貸し出すという方式です。またこういう例もあります。オタワの博物館にはイロクォイ族の仮面があり、そこに収められてから優に一世紀はたっているのですが、毎年イロクォイ族の代表がやってきて、古式に則って食糧を献げます。仮面は食糧を与えられないと霊力がなくなるというのです。

このように見てくると、情報は誰のものか、情報から得られる利益をどうするか、という具体的で取扱いの難しい問題が発生するのもおわかりになるでしょう。ブリティッシュ・コロンビアとアラスカのインディアンの高齢のインフォーマントの中には、自分たちがまだ覚えている神話伝承のコピーライトを主張する者もあります。

また、博物館に入っている品物が不当に奪われたものだとする返還要求も絶えず行われています。同じ論法はヨーロッパの博物館にも適用できるはずで、いくつかの国から返還要求がなされうるでしょう。その収蔵品は相互略奪の成果なのですから。

民族学と植民地主義

私たちが直面する根本的批判は、民族学が植民地主義と結びついているという非難です。一七年前、コレージュ・ド・フランスの開講記念講義で私がフランスではじめてその点を厳しく指摘したのですから、たしかに今となってそれに異議を申し立てることはしにくいところがあります。民族学が西欧に生まれ、長年にわたって西欧の特権と考えられてきたのは、植民地をもつという状況がそれを可能にし、かつ必要としていたからであり、またそのことから民族学と植民地主義との関係につねに疑惑がつきまとったのは確かです。しかし、事実そのような状況があったということから民族学は植民地主義の道具であると断定したり、民族学者が存在して異なる社会の客観的研究に努めているという事実だけで、植民地主義の実践だと言ったりするのは不当であると思います。

第二次大戦中に、戦闘で受けた負傷や爆撃のための外傷に起因する脳傷害が非常に多く出ました。英国とソ連では脳神経生理学の進歩のためにそれを利用しました。この領域で戦争直後に素晴しい業績が出たのは、人のよく知るところです。だからと言って神経生理学者を非難したり、戦争協力者であったとか好戦論者だなどと言うことはできません。民族学者を植民地主義者だときめつけるのは、それと同じように不当です。

もう一つ論拠を出すために、数ヵ月前に新聞に報道されたばかりの話を取り上げましょう。ベイルートはフェニキア人の時代から現代に至るまでの、世界で最も豊かな考古学研究の宝庫だと考えられます。しかし、建造物が密集しているために、一度も発掘が行われたことはありませんでした。ところがレバノンの戦争で建物が破壊され、考古学的調査が可能になり、学者たちがすでに作業を始めているようです。学者たちが間接的に恩恵を蒙っているわけですが、だからといってこの戦争の責任の一部は考古学者にあると非難しようなどとは誰も考えないでしょう。

民族学者についても事情は同じだと思います。民族学者が登場したのは、植民地支配、あるいは単なる商業・経済・技術的支配によって、人類の作ったさまざまな文化が、西洋の目から見ると、ちょうど扇を拡げたようにほぼ完全に展望できるようになった時期においてでした。その頃には、社会を完全に客観的に研究することができました。被支配社会の立場でなかったら、このように動植物学の見本のように扱われるのを、おそらく容易には承知しなかったでしょう。それは事実です。

しかし、さきほど述べた他の分野の学者たちと同様、私たち民族学者はその事実に対しては責任がありません。むしろ逆に、その状況を利用して知識を進歩させたことこそ、民族学の名誉であると私は思います。

民族学者は何をなすべきか

しかしながら、民族学者の伝統的な就職口がつぎつぎと閉ざされ、現在この学問の存在自体が問題視されているのは事実です。合衆国では一九八二年になると、つまり五年後ですが、人類学の博士号取得者全体の三分の二は大学以外の職場、それもほとんど研究的性格をもたない事務職につかなければならないだろうと予測されています。それで、「人類学研究振興会」Institute for Anthropological Research Service という名で、現地調査と現地調査、勤め口と勤め口の間にいる人類学者のための待機基地のようなもの、簡単に言えば、職のない人類学者の救済機関を作ろうという試みが現にあるほどです。

フランスにおいても、より小規模であるとはいえ、状況は同じように深刻です。ごくわずかしかない高等教育機関のポストを別にすれば、「フランス科学院」（ＣＮＲＳ）が民族学者のほぼ唯一の就職先なのですが、ここは年に五人か六人のポストしか提供できません。ところが、それに一〇〇人ほどの志願者が押しかけるのです。今年のこの間の試験では一〇〇人を越えていました。いったいどうすればよいのでしょうか。

民族学には対応の方法がいくつかありそうです。伝統的に民族学研究の対象となってきた珍しい社会のうち比較的もとのままの形を残しているもの、またあと何日、何週間、何ヵ月、何年のことかわかりませんが、工業文明の侵入と破壊を免れている社会については、伝統的な方法で調査を続けることができるかもしれません。

発展途上の社会については、現地の研究者にトーチを渡すことができるでしょう。ただしその瞬間から、伝統的な性格の民族学は消滅するということを、完全に理解しておかなければなりません。結局のところ、民族学の独自性と必要性は、文字資料のない社会を研究するための調査法を作り上げたという点にあるからです。そのような社会はもうなくなるでしょうし、アフリカ人、アジア人、南米のインディオなどの手になる民族学は、ルネッサンス期に私たちヨーロッパの人間が、自らのギリシア・ラテンの伝統について行なった研究と似た種類のものに変質しているでしょう。つまり、主として文献学と歴史とに依存する研究になるでしょう。さらに、一世紀半ほど前から収集された膨大な量の資料も忘れてはなりません。その資料をもとにして、何百年もしくは何千年の間、専門家たちが研究を続けることができるでしょう。ちょうど、今日なおギリシアやローマの専門家たちが古代の資料に基づいて研究を続けていても、資料が汲みつくされることはないように……。

また別の傾向も見られます。合衆国と英国で Studying up という標語のもとにあらわれた傾向です。今までの民族学は、つねに下からの研究でした。つまり、小集団、小社会、単純な生活の人びとを研究してきたのですが、今度は複雑な社会のエリートたちの研究に移るべきだというのです。虐げられた人びとの研究ではなく、虐げてきた力の研究です。そこで、保険会社、エネルギー産業、広告宣伝機構、多国籍企業、食品工業などについての研究に取り組むことが、民族学者にすすめられています。それがまったく馬鹿げた野心であることは言うまでもないでしょう。どんなに天才的な民族学者であっても、第一級の経済学者、政治学者、歴史家、その他いろいろな専門家に変身するなどということはできません。ところが、いま言ったような研究をすすめるためには、これらすべての学問を兼ね合わさなければならないのです。デュルケーム学派が野心に燃えていた時期には、諸学の冠冕、万学の集成であるような社会学を考えることができたかもしれません。しかし今日では、もはやそれは不可能だと私は考えます。

今後の見通しとしては、人類学者は、たとえ大学向きの勉強をしてきた人でも、伝統的に研究対象となってきた集団の利益をはかる仕事に従事するようになるでしょう。そのような実例はすでにいくらもあります。オーストラリアでは、伝統的な方法で調査を行なっていた民族学者の援助のもとに、原住民にとっては宗教的意味をもつ父祖伝来のテリトリーの中での探鉱を阻止しようとする訴訟が行われました。（成功はしませんでしたが。）ブリティッシュ・コロンビアでも、カナダの北西部でも、合衆国で現在行われているのと同じように、その地域で研究していた人類学者の助けをかりて、原住民の団体が、奪われた自分たちの土地を取り返すために大規模な領土要求をはじめています。それは民族学者がなすべき非常に具体的かつ実践的な仕事です。この種の紛争の場合、法律的見地からは、アングロ・サクソン系諸国の慣習法であれフランスの民法であれ、原住民が、そこに規定されている意味での土地所有者として認められるのか認められないのか、というのが根本的問題だからです。そして、原住民のしてきたことを裁判所で用いられる法律用語で表現したり、またその逆を行なったりするのは、民族学者でなければできない仕事です。

もう一つ、フランスの宣教師団が関係した例をあげましょう。中央ブラジルのインディオの話です。この人たちは、伝統的に狩猟採集で生活していました。ところが内陸の植民事業によって少しずつテリトリーを奪われ、もはや獲物がいないので、狩猟ができなくなりました。そこで解決策として、家畜を与え、農業を教えるのがよいのではないかということになったのです。ところがそれは完全な失敗に終りました。家畜は食べられてしまい、土地は耕されませんでした。この不熱心はどうしたことかと、いろいろ原因の究明が行われました。インディオたちは教えられた牧畜の技術や農耕にすっかり夢中になって、隣の連中にも自分が教えてやるんだというほどの張り切りようだっただけに、自分自身のことになると何もしないという不熱心さは意外なことだったのです。

そのわけはこうでした。過去には社会全体が、拡大家族*と呪術師たち（簡単にするために、そう呼んでおきましょう）との間の力の均衡の上に成り立っていました。ところが、インディオたちが、政府の設置した行政管理支署の統制下に置かれるようになり、拡大家族の権力は消えて、管理支署長に移ってしまったのです。すると呪術師の力がとめどもなく増大して、そこから不安と根本的悲観主義が生じ、広く無気力状態に陥ってしまったというわけでした。こうして、農業への知的関心はあるにもかかわらず実際は何もやらないという現象に説明がついたのです。

世界中のいたるところで、圧迫されている社会に対して、その一つ一つに適合した運動を考え、解決策を見出し、援助を与え、新しい生活への移行を容易にしようと努める団体が作られつつあります。さしあたり主なものを二つあげておきましょう。一つはロンドンに本部をおく「国際救命会」Survival International で、もう一つはコペンハーゲンに本拠のある「国際原住民問題運動団」（ＩＷＧＦＩＡ）です。この二つの機関は、それぞれ刊行物を出して、原住民社会を犠牲にする不当な施策を告発し、解決策を見出そうと、絶えず気を配っています。

またパラグワイのアスンシオン・カトリック大学が起こした非常に面白い運動に「マランドゥ計画」というのがあります。それは人類学者がふつうにやっている仕事の逆をゆくもので、西欧の学界に知らせるためにインディオの社会を分析研究するのでなく、非インディオ社会を分析して、インディオたちに自分の権利、とくに土地に対する権利、労働関係法規、兵役、その他についての知識を与えようというのです。このマランドゥ計画の指導者たちはパラグワイ政府に逮捕され、ある者は拷問を受けました。その人たちが釈放されたのは、人類学者の国際的な運動のおかげでした。

＊

現在の展望はほぼ以上の通りです。民族学者が現在してはならぬと私が考えるのは、あの一種の知的テロリズム、ときには知的面のみにとどまらぬテロリズムに屈服することです。アメリカ人類学協会が陥りかけているこの種の新魔女狩りの例は、さきほどお話しました。ただ急いで付け加えて申し上げておきたいことがあります。アメリカの人類学者たちは、米軍がベトナム奥地の原住民に対して行なった残虐行為と絶滅作戦とによって、心に深い痛手を負っているのです。フランスの人類学者コンドミナスが書いた『異文化の常在』という見事な本の新版が最近出ましたが、それにつけられた付録に、恐るべき実態の一覧表が示されています。それを読みますと、アメリカの人類学者たちが反対の方向へやや行きすぎたり、また混乱した反応を示すのもわかる気がいたします。

人類学者全体については、いろいろなことがあるにしてもともかく、私たちは自分の心に次のことは言えるでしょう。自己のアイデンティティーを自覚した諸民族が、欧米人の行為によって起った障害と、数十年もしくは数百年にわたって蒙った苦難の克服を急ぐのあまり、われわれ民族学者

＊　子どもが結婚後も親と同居する大家族。二世代以上にわたる数個の核家族（夫婦と未婚の子女からなる）の複合体。

とその出身国とを一まとめにして拒否するとしても、それは当然であり、健全な態度です。しかし私たちにとっては、慰めとなる認識いや確信があります。一〇年後、二〇年後、一世紀もしくは二、三世紀あとのことかもしれませんが、これらの社会の人びとも、私たちと同じように、自らの根源、ルーツとの接触をとり戻す必要、自分の過去を再発見する必要を感じることになるでしょう。他のいかなるユマニスムにも似ず、他のすべてのユニスムを補完する自分たち独自のユマニスムの形態をはっきりさせる必要を感じるでしょう。そのとき、どこにそれを求めることができるのでしょうか。昔ながらの慣習や、物品や、技術ではありません。そうしたものは性急に捨て去られて、安っぽい西洋の物品や、西洋の科学に置きかえられているでしょう。求めるものが見出されるのは、民族学者の著作の中です。われわれ民族学者は、この人たちの子孫の精神的健康のために、またその独自性維持のために、必要なものを救うべく、艱難辛苦に耐えて研究を遂行するのです。

（大橋保夫訳）

構造主義再考

一九七七・一一・一四

国立京都国際会館

構造主義と流行

構造主義についての講演会にこれほど多くの方がたがお集まり下さったことは、まことに心強いと同時に、なにやら皮肉な感のいたすところでもあります。かりに今日のパリで同じ演題が予告されたとすれば、もの珍しさはもちろんのこと、このわたしが聴衆に与えうる関心も、好意も、到底これほどのものにはならなかったでありましょう。

フランスには、なんと申しましょうか、知的飢餓症とでもいったものがはびこっておりまして、ほぼ五年ごとに、新しい主義なり哲学なりが必要とされているようです。構造主義の流行は一〇年つづきました。それだけでも大したものと申せましょう。そのはじまりを一九五八年*におくとして、流行の衰微をしるしづけるのは、一九六八年五月の事件であったかと思われます。

一九五八年と申しましたが、つまり、流行はかなり遅れて始まったということであります。構造人類学への関心が最初にあらわれたのはオランダでありました。そうなったについては二つの理由があります。もっとも、この二つは表裏一体をなしておりまして、そのひとつと申しますか、第一の側面と申しますか、それは、オランダ人たちがすでに、一九二〇年代ないし三〇年代からして、最初の構造主義者であったということです。この構造主義には根深い根拠がありました。それは、当時のオランダ人が研究の対象にしていたインドネシア社会自体の性格から来ていたのです。つまり、オランダの人類学者たちが最初の構造主義者となったのは、インドネシアの人びと自体がすでにして構造主義者であったからなのでした。

わたしたち構造主義者は、ものごとを図式化し、単純化し、「文化」と「自然」といった一刀両断的な対立項を用いるといって、しばしば非難されていますけれど、このような非難をする人びとには、そうした対立項なり体系なりが、なにもわたしたちのでっち上げたものではなく、わたしたちが研究の対象としている社会自体があらかじめ創り出していたものであって、わたしたちはただそれを借りるにすぎないのだということがわかっていない。その点で、オランダ思想の例、とりわけオランダ民族学の例は、まことに意味深いものと思われます。

いずれにせよ、一九六八年になって、構造主義の享受してきた流行はすでに終りを迎えていたこ

＊『構造人類学』刊行の年。

とが、唐突に明らかとなったのでありました。それを構造主義にとっての不幸と呼ぶべきか幸せと呼ぶべきか、わたしにはわかりかねるところですけれど、その時点で判然としたのは、フランスにおける青年知識層のひそかにとりつづけてきた姿勢が、二〇年も前、第二次世界大戦末期に生まれたサルトル流実存主義のそれと、ほとんどかわらぬままであったということであります。

わたしたちが、人間についての研究に一層の客観性を導入しよう、主体論的観点とでも呼ぶべき態度を払拭しようとして行なってきた努力は、青年層の関心にいささかも応えるものではなかったのでした。当然といえば当然、理解のできるところでもありますが、青年たちの関心は、人間とは何であるか、人間の思考がいかに機能するか、を知ろうとすることよりもむしろ、歴史上の一時点での、特定の社会なり個別的環境なりにおける個人の命運と申しますか、言ってみれば、ピエールの、ポールの、アンリエットの、ジャクリーヌの（どれもみな適当に思いついた名前ですが）、宿命と幸福とにあったのです。つまり、青年たちは、男も女も、特定の個人として、人間一般についての認識ではなく、世界内主体としての自分の位置に、関心をもとうとしていたということです。

そこで明らかになったのは、構造主義の流行が大変な誤解にもとづくものであったということでした。人びとは構造主義に現代の哲学を見ていたのです。これは誤りであって、日常的に構造主義を実践していたわたしたちにしてみれば、構造主義とは、人類と社会にひとつのメッセージをもたらすがごとき哲学ではない。そのようなものではありえない。かつてそのようなものであったこともないのであります。

わたしたちにとって構造主義とは、極端に慎ましい手仕事のようなものであって、おそらくや、今日的な関心とは無縁の問題を対象としています。そして、今日的な関心と無縁であればこそ、わたしたちが対象としている問題は、その他の諸問題、特定の階級なり環境なりの成員としての、歴史の特定時点に帰属する個人としての、わたしたちの関心と予断がかかわってこざるをえないような諸問題にくらべるとき、いささかなりとも、より厳密なやり方で研究されうるのであります。

構造主義が体験したこれらの困難には、もうひとつ別の理由があります。それは、構造主義の流行期に、本来が構造主義向きでない数多くの目的にまで、構造主義を応用する試みがなされたことであります。結果、単数の構造主義ではなく、複数の構造主義が云々されることにもなったのですが、ここにもまた大変な誤解がありました。わたしたちは、一度として、あらゆるものを研究対象にできるなどと主張したことはなかったのです。

事実、構造的観点からして接近可能な対象とは、比較的小規模な現象であって、社会生活総体を構成している諸現象から、容易にというか比較的にというか、いずれにせよ分離可能な現象でなければならず、しかもそれに変数還元の操作を施しうる、そのような現象でなければならないのであります。だからこそわたしは、非常に複雑な現象、たとえば大規模な歴史現象の総体といったものの構造分析を企てることが、妥当だとも可能だとも思わないし、観察者の予断なり関心なりがあまりにも直接にかかわってくるような現象に構造分析を適用することも、やはり、可能とも妥当とも思わないのです。

なぜ構造主義がまずは言語学のものであったのか。なぜ構造主義は言語学において、そのもっとも完全な形態、確立した科学を云々できる唯一の形態に達しえたのか。それには、十二分にうなずける理由がひとつある。より正確には、いくつもの明確な理由の集合があるのです。

第一に、言語活動とはすべての人間社会に絶対的に普遍の特性であります。第二に、言語学の方法は均質な方法であります。つまり、対象とする言語が何であれ、みなさんの社会やわたしたちの社会のように最高に複雑な社会の言語であれ、南アメリカの奥地やメラネシアの現地人たちの社会のように非常に原始的な社会の言語であれ、言語を研究するのに二つの方法はないということです。あるのはただひとつ、すべての言語学者が一致して用いる方法なのです。

最後に、言語活動とは、その他すべての現象から比較的に分離可能な現象なのです。こう言ったからといって、なにも、言語活動が伝達機能以外に多くの社会的機能をもつことを否定しようというのではありません。ただ、必要に応じて、そういった多くの機能を捨象し、音韻論、文法、統辞論といった厳密に言語学的な変数にのみ注目することができるということなのです。

「構造」の定義

さて、構造主義が哲学を自称するものでなく、なんらかの主義を自称するものでもないとすれば、一体何であるというのか。わたしとしては、むしろ、ひとつの認識論的態度であると言いたい。つまり、問題に注目し、接近し、これを取り扱う際の、特定の仕方なのであります。ところで、この仕方 savoir-faire の定義を試みようとするなら、まず、構造という語の意味するところを理解できるよう、努めねばなるまいと思います。これが極端にむつかしい。よろしければいたって抽象的な定義から始めたいのですが、それだけになかなか理解いただけないかもしれませんので、のちほどいくつかの具体例を挙げて説明してみたいと思います。

まずは抽象的定義のみを申し述べ、翻訳をお願いします。細部の検討はそのあとで行うことにしましょう。かりに、どこかの辞書のために、わたしたちが用いている意味での「構造」という語の定義を求められたとすれば、次のように言いたい。すなわち、「構造」とは、要素と要素間の関係とからなる全体であって、この関係は、一連の変形過程を通じて不変の特性を保持する。

この定義には、注目すべき三つの点というか、三つの側面があります。第一は、この定義が要素と要素間の関係とを同一平面に置いている点です。別の言い方をすると、ある観点からは形式と見えるものが、別の観点では内容としてあらわれるし、内容と見えるものもやはり形式としてあらわれうる。すべてはどのレヴェルに立つかによるわけでしょう。したがって、形式と内容の間には恒常的関係が存在する。たとえばそういうことなのです。

第二は「不変」の概念で、これがすこぶる重要な概念なのです。というのも、わたしたちが探究しているのは、他の一切が変化するときに、なお変化せずにあるものだからであります。

第三は「変形（変換）*」の概念であり、これによって、「構造」と呼ばれるものと「体系」と呼ばれるものの違いが理解できるように思います。というのは、体系もやはり、要素と要素間の関係とからなる全体と定義できるのですが、体系には変形が可能でない。体系に手が加わると、ばらばらになり崩壊してしまう。これに対し、構造の特性は、その均衡状態になんらかの変化が加わった場合に、変形されて別の体系になる、そのような体系であることなのです。

ところで、これに関連して指摘しておきたいのですが、一九五七年**以来、やがて変形文法と呼ばれることになったものを通じて、変形の概念が大流行したのでありますけれど、この概念は、実際にはその何年も前から構造主義によって用いられていたのであり、一部の人びとが構造言語学と生成言語学の間にかまえて楽しんでいるがごとき対立は、まったく不自然なものであります。生成言語学とは、実際上、構造言語学の一側面であり、一展開なのです。

「構造」の具体例

よろしければこのあたりで抽象はおくとして、具体的な例で説明を試みることにしましょう。先ほどわたしは、構造とは要素と要素間の関係とからなる全体だと申しました。この定義は完全に人間の顔にあてはまります。人の顔は、目、鼻孔、上唇、下唇、耳、眉、睫毛などといった数々の要素から形成されています。そして、ひとつひとつの顔の個別性をなしているのが、この多様な要素間に存在する関係なのです。

いたって単純なことに思えましょう。ところが、人の顔を記述するほどむつかしいことはないのです。不可能な努力とさえ言えそうです。たとえばフランスの作家たちですが、バルザックにしろプルーストにしろ、何ページも何ページもかけて、セザール・ビロトーやウジェニー・グランデ、ユルシュル・ミルゥエの顔を、ゲルマント公爵夫人やシャルリュス男爵、ヴェルデュラン夫人の顔を画き出そうとしました。ところが、そうしたページを読んでみても、プルーストの場合など極端

＊　一般に、言語学の用語としては「変形」が、数学の用語としては「変換」が用いられているが、原語はいずれも transformation である。

＊＊　チョムスキーの『文法の構造』*Syntactic Structure* 刊行の年。

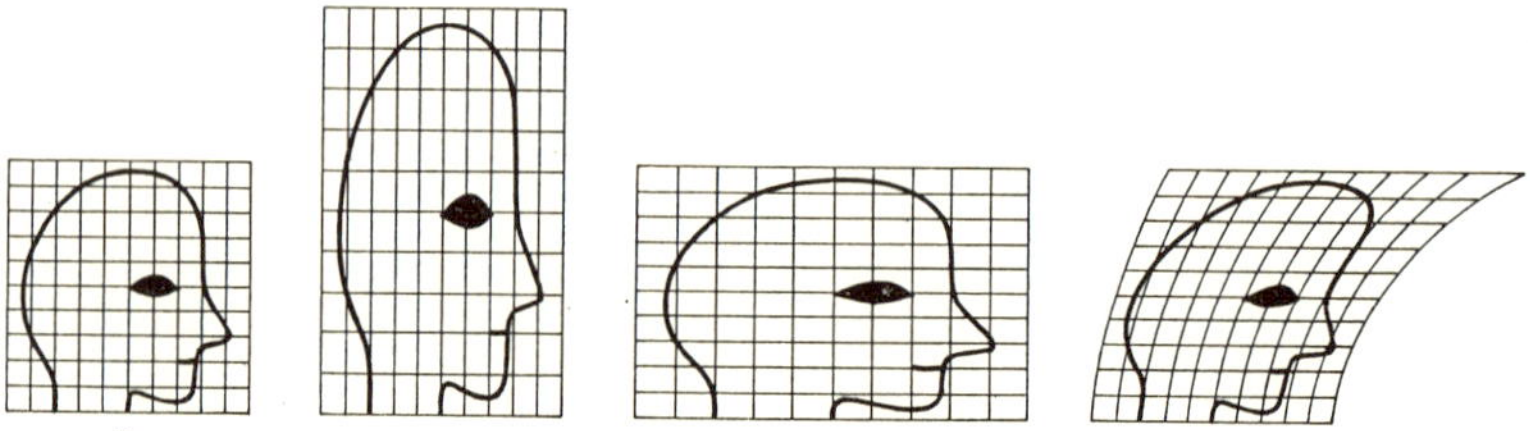

レヴィ＝ストロースによるデューラーの方法の説明図

に長く詳細なものになることがあるのですが、問題の人物たちの顔はいっかな思い画けぬままなのです。というのも、ある人物が鷲鼻をしているとか、ぽってりとした唇をしているとか言われても、鷲鼻は鷲鼻で数かぎりなく異なった鷲鼻がありうるし、ぽってりした唇にも数かぎりなく多様なあり方が存在するからです。つまり、かかわってくる変数の量が、記述をもってしては到底究めつくせぬほどのものになるのでした。

これは、人間科学、社会科学の領域でわたしたちがおかれている状況の典型であります。対象となる現象の変数の量があまりにも大きいため、現象の本質に到達すべくすべての変数を記録しつくしたとは、遂に言えずに終るわけです。

ところで、一六世紀のことですが、ドイツの画家にして版画家アルブレヒト・デューラーがひとつの発見をいたしておりまして、そこには、構造主義的アプローチのすべてが要約されているように思われます。彼が示したのは、人間の横顔を、フランス語で espace de coordonnées（座標空間、方眼紙）と呼ばれるものの中に画き、この座標のパラメーターを変化させていく。たとえば縦軸の単位の長さや横軸の単位の長さを変えるとか、垂直な軸のかわりにどちらかの方向に彎曲した軸を用いるなどし、こうして得られた新しい空間に、最初の横顔を「はめ込む」ように移していく、そうすると、ひとつの横顔から別の横顔を「生み出す」ことができるということでした。今日の変形文法学者たちなら、「生成する」と言うところでしょう。（前頁の図および表見返し参照）

言いかえれば、最初の横顔も最後の横顔も、それ自体はわたしたちの記述能力を越えるものなのですが、この記述不能な二つの横顔の間の関係を規定しているのはごく単純な規則であって、それならばわたしたちにも定義ができるということです。要するに、関係とは、それを成立せしめている諸要素の総和にくらべたとき、はるかに単純で、理解も容易なものなのです。

ここで紹介したのは、構造主義の論理的出発点にとどまるものではありません。その歴史的起源もまた、そこにあるように思います。したがって、構造主義は、テクノロジーの哲学などと言われたことも多いけれど、けっして現代に特有の、なにやら新奇なるものではない。それは、大層古くからある思考の流れの延長上にあるのでした。

この流れは、デューラーから始まってさまざまな仲立ちをへつつ、ドイツではゲーテにまで至っています。ゲーテの文学、詩作品に、というのではありませんが、彼の自然哲学、とりわけ植物学関係の書物に、構造的な考え方があらわれているのです。なかでも『植物の変態』と題された書物の中で、ゲーテは、植物のさまざまな部分が、変態（変形）によって互いに別の部分から発生していることを示そうとしています。たとえば、いかにして葉は萼となるか。萼はいかにして花びらを生ぜしめるか。さらには、植物の種、科のそれぞれを、いわば、別の種が固有の形態言語で表現しているものの、異なった形態言語による翻訳とみなしうる所以を示そうとしているのです。

ゲーテ以後、こうした構造的視座の進展は、一層明確にあとづけることができます。言語学にあっては、ウィルヘルム・フォン・フンボルトに、ついでボードワン・ド・クルトネーに、彼をへて直接フェルディナン・ド・ソシュールに。自然科学にあっては、今世紀初頭のイギリスの生物学者ダーシー・ウェントワース・トムソンに。この生物学者がやはり、たとえば葉の一変種から別の変種へ、特定種の魚の形態から隣接種の形態へといった移行が、もちろんあまり隔りのない生物間でのことではありますが、実に整然とした変形を通じて可能になっていることを示そうとしたのであります。（裏見返し参照）

わたしにとって大層意味深く思えるのは、時代の先端を行く科学者であった人が、つまりは先のイギリスの生物学者のことですが、かつてルネッサンスの時代にデューラーのような芸術家のものであった方法を、それも完全に意識的なやり方で再び採用していることなのです。このことは、わたしたちに、構造的思考に至るのに二つの王道のあること、すなわち、ひとつは芸術の道であり、もうひとつは自然科学の道であり、しかもこの二つの道はひとつに交わるのだということを示してくれるのであります。

最後にもうひとつ、ずっと現代的な例をあげさせて頂きたい。たとえば森林の保守育成にたずさわっているような人なら、誰もが、ニレであれ、カシワであれ、サクラであれ、その他いかなる樹であろうとも、遠くから一目見ただけでそれとわかるものです。しかしながら、文章にしろ口頭にしろ、そうした樹木の相違を説明するくらいむつかしいことはない。人の顔と同じことであります。ニレを見たことのない人に、ニレとはどのような樹であるか、ほかの種とどう違うかを言おうとして、何ページも何ページもかけることはできる。しかし、ニレを見たことのない者は、結局のところ、ニレを識別するには至れないでしょう。

ところで、電子計算機、いわゆるコンピューターに、一〇〇〇項目もの指示を与えてやりさえすれば、これは現代の電子器機のデータ処理能力からすればごくわずかなものにすぎないのですが、そうすると、いつなりともコンピューターに一本の樹の姿を画かせることができるのでした。そして、コンピューターの画いたのが特定の種に属する樹であって他の種のものではないことを、森で働く人びとなら躊躇なく識別することでありましょう。したがって、ここでもまた、変数の量がわたしたちの記述能力、識別能力を越える場合でも、それら変数間の関係ははるかに単純なものであり、そのおかげでわたしたちは、それまで塞がれていた道に立入ることが可能となるのでした。

このことは、構造分析が対象のいかんを問わず適用可能であることを意味するのでしょうか。もちろんそうではありますまい。この方法が有効であるためには、わたしたちも言語学者とあい似た状況に身を置かねばならないのです。つまり、先ほども申しましたように、研究する現象のタイプが、普遍的とはゆかずとも、少なくとも一般に認められる現象であって、その他の現象から比較的分離しやすく、そこから検出されるすべての例が均質の方法で処理できる、そのような現象でなければならないのです。事実、これまでのところ構造分析がもたらした成果は、人類学の分野で言えば、本質的に二つの領域に限られています。その一は親族組織の領域であり、その二は神話の領域なのですが、以下、この二つの領域に順次触れてゆきたいと思います。

民族学者が遭遇する現象のうち、ほとんど普遍的といってよいタイプの例は、まず、禁婚の規則でありましょう。人間社会には、誰が誰を配偶者としてもよい社会など存在しないのです。わたしたちが近親婚の禁止と呼んでいるものは、そうした規則の特殊な一例にすぎません。社会によって、禁止が広範に及び、忌避される配偶者の数が非常に多いこともあれば、禁止の範囲が非常に限られていて、ごく近親の者をのぞけば誰と結婚してもよい社会もある。しかし、婚姻が一切規則に縛られていない社会は存在しないのです。

ところで、これらの規則が、長年にわたって大層民族学者たちを困惑させてきました。というのも、そうした規則は、社会を異にするごとに大層喰い違って見え、ひとつひとつの規則の存在理由がどうにも理解しがたいからです。たとえば、多くの人間社会において、大変重要な、しかし、一見理解困難な区別が認められます。民族学者たちが、専門用語で、交叉イトコと平行イトコの区別と呼んでいるもののことであります。

平行イトコとは、兄と弟、ないしは姉と妹の子どうしのイトコ関係であり、交叉イトコの方は、兄と妹（姉と弟）の子どうしのイトコのことです。ところで、非常に多くの社会で、イトコであることには変りのないこの二種の関係のうち、一方が推奨され、他方が禁じられているのです。さらにまた、同じ交叉イトコに二つのタイプが区別されていることも多く、社会によって、父の姉妹の娘、あるいは母の兄弟の娘との結婚が、認められたり禁止されたりしている。隣接した二つの社会の間ですら、一方では母の兄弟の娘との結婚がもっとも望ましい婚姻とされ、父の姉妹の娘との結婚は冒瀆とされるに対し、もう一方の社会はまったく逆の見解をとっていて、父の姉妹の娘との結婚を勧め、母の兄弟の娘を娶ることは絶対に禁止しているようなことがあるのです。

さらに別の社会では、たとえばオーストラリア社会などですが、なお一層手が込んでいて、単にイトコ関係を交叉と平行とに区別し、交叉イトコを母方、父方と呼ばれる二つのタイプに区別するにとどまらず、もうひとつ下の世代、つまり、交叉イトコから出たイトコの間にまで区別を立てて、そのうちのいくつかのタイプのみを配偶者として認め、他は禁止しています。結果は並はずれて複雑な計算を招来することになる。

長年にわたって民族学者たちは、それぞれの社会に存在するこれら諸規則を理解すべく、当の社会がひとつひとつの規則を採用するに至った個別の歴史を想定しようとしてきたのでした。ところがこの歴史はまったく知られていないわけで、推測によって再構成するほかない。結果はどうにも是認しがたい仮説であったり、矛盾撞着ですらありました。

実際には、ひとつひとつの社会なり規則のタイプなりを個別に切り離して考察するかわりに、次のような原理を立てていたら、事は明白になっていたはずなのです。つまり、こうした規則のそれぞれのタイプは、男性グループ間での女性の交換（あるいは、女性グループ間での男性の交換）の、特定の方式を表象しているのであり、したがって、それぞれの社会で観察された交換形式にもとづけば、その社会が採用するであろう禁婚規則を発見することができる、アプリオリに演繹することさえできる、という原理であります。

たとえば、AとBの二つの下位グループに分割された社会において、Aの男性はBの女性とのみ結婚できて、Bの男性はAの女性とのみ結婚できるという規則があるとします。その場合、婚姻規則は、交叉イトコと平行イトコを区別することになり、交叉イトコのみが認められて平行イトコは禁止されるでしょう。

あるいは、もう少し複雑な体系をなしている社会を考えてみます。グループAの男性が自分たちの娘なり姉妹なりをグループBの男性に与え、グループBの男性はその娘や姉妹をグループCの男性に与える。そして、以下同様に、この系列に属する最後のグループが、その娘ないし姉妹を最初のグループ、つまりはグループAに与える。要するに、一定数のグループ間での、一種の循環的交換ですが、その結果は、常に、母方の（交叉）従姉妹、つまりは母の兄弟の娘が、望ましい配偶者ということになります。

あるいはまた、グループAがその娘たちをグループBに与え、グループCから受けとる。さらに次の世代では、Cに与えてBから受けとる。このようにしてつづけてゆくのを規則としているような社会の場合、婚姻規則は、自動的に、父の姉妹の娘を望ましい配偶者として指定することになるのであります。つまり、規則を個別に検討するかわりに交換の諸関係を考察することで、それまで解きがたく謎めいていた問題に光があてられるのでした。

ここで、別の領域の例をあげてみることにしましょう。当初は神話についてお話するつもりでおりました。自分がこの一五年間、アメリカ神話についての書物を何冊か書いてきたからであります。しかしながら、神話の話をするのは常にむつかしい。神話を物語るというのは時間のかかることですし、問題になる種族の生活様式や社会組織に通じていないと、さしたる興味を惹かないからです。

ところで、数日前、大層おもしろい狂言を観ました。日本語の発音がまずくともお許しいただきたいのですが、『末広がり』という、傘と扇のとりちがえをテーマにした作品でありました。そこで、ほんのうわつらしか知らぬこの作品ではなく、これとよく似たフランス文学の例について、構造分析を試みてみようと考えた次第です。一九世紀の前シュルレアリスム的詩人ロートレアモンの有名な文句、「解剖台の上でのミシンと洋傘の偶然の出会い*」のことであります。

一見したところ、理解を絶し、まったく意味をなさぬかと思える表現ですが、これが、シュルレアリストたちを、とりわけてかの偉大な画家マックス・エルンストを魅了したのでした。エルンストはこのロートレアモンの文句を、いわば座右の銘のようにしておりましたが、そのエルンストもまた、すでに一九三四年に、彼なりの表現で構造主義を予告していたのです。彼によれば、芸術の目的は、「一見したところ対立的な性質をもった二ないしそれ以上の要素を、さらにそれらと対立的な性質をもった平面の上で近づけること**」、でなければならないのでした。この考え方をもう少し発展させて言えば、一方ではひとつの複合的形態（図）とそれが姿をあらわす背景（地）との間での、もう一方ではこの形態を構成している諸要素間（要素は二つ以上あるのですから）での、対立と対比の二重のからみあい、ということになりましょう。

ところで、構造分析によれば、ロートレアモンの文句がこれほど有名になった理由、外見的な不条理さにもかかわらずあれほどの反響と成功を得た理由を、解明し、説明できるように思うのです。

その理由とは、思うに、詩人自身の言にもかかわらず、ミシンと洋傘との解剖台上での出会いが、けっして偶然のものではなく、秘かな意味作用の総体を覆い隠していることでした。

なるほどそこで話題になっているのは、解剖台が普通受け入れることに定められている生体でも死体でもなく、二つの工業製品であります。しかしながら、ここでまず指摘したいのは、この二つが、修理の必要が生じたときなど、しばしば解体（解剖）を要する品物だということです。同じようにしてこの二つの品物の概念を解剖してゆくならば、そのむすびつきの理由も理解できることになるだろうと思います。

まずは言語的な面で、ひとつの関係というか、対立と類推の二重の関係がひとつ、認められます。問題になっているのは parapluie（洋傘）と machine à coudre（ミシン）でありますが、これは、まるで一方が à coudre するもので、もう一方が à pluie なものであるかのようです。しかし、この類推は疑似的なものです。というのも、一方が前置詞の à であるのに対し、parapluie の二番目の a は、ひとつの形態素の構成部分だからです。

ところで、言語的な面ですでにあらわれていたこの対立と対比の二重のメカニズムは、その他の

＊『マルドロールの歌』（第六の歌）。
＊＊『シュルレアリスムとは何か』（一九三四年）

すべてのレヴェルにもあらわれてきます。いたるところで類似と相違が均衡を保っているのです。まず、ミシンとは縫うため（pour）にできている。傘は雨をよける（contre）ものです。ミシンは布地という物質に働きかけ、これを変形せしめる。もう一方の道具は、水という物質に受動的な抵抗力を対峙させる。両者いずれも尖端をそなえているが、傘の場合は道具自体を保護するためのもので、ふわりと丸く、やわらかく、さわると弾力性のあるドームの上に、装飾のようにのっている。ミシンの場合は鋭くて攻撃的な尖端で、丸いドームならぬ角ばった腕木の下端（上端でなく）に、下向きに位置しているわけです。

さらに分析をつづけましょう。ミシンは硬質な部品の連結からなり、中でも一番堅いのが針で、布地を貫くのがその機能であります。それとは逆に、傘は布地で覆われており、雨が貫き通せないようになっている。さらに、この雨自体が、硬質な部品ならぬ流体粒子の、連結ではなくて並置からなっています。結果としてここでは、内的／外的、硬質／流体、貫かれるもの／貫かれぬもの、など、五ないし六組の対立と対比がとり集められたことになる。

こうして、当初、解があろうとは到底思いもよらなかった方程式、

$$\frac{ミシン+洋傘}{解剖台}=x$$

は、二つの品物（ミシンと洋傘）の思いがけぬむすびつきが、それらと第三の品物（解剖台）とのむすびつきを通じて強力な有縁性をもつものになったとき、ひとつの解を与えられるのでした。というのも、この第三の品物が、他の二つの品物の概念分析を可能にする鍵を与えているからです。最初にあった二つの概念、すなわちミシンと洋傘は、そもそもは完全に別々のものだったのが、今や互いに相手の逆転的メタフォアへと変形してゆく。そのことの本能的知覚が、やはりマックス・エルンストが言っているように、「およそ優れたメタフォアならどれもが感じさせる喜び、知性にとっての非常に古い欲求に応える喜び*」を生み出すのでした。

この種の分析を文字通りきまじめにとれと申すつもりはありません、むしろ、楽しみというか、息ぬきというか、その程度のつもりで御紹介したものです。ただ、こうした分析にも、構造分析がどのようにして行われるものか、よく示されています。そもそも、次のような問い方をすることもできたはずです。「ミシンとは一体何であるか」、「傘とは一体何であるか」、「解剖台とは一体何を言うのか」。そして、このような問いを個別に発しているかぎり、そこからは何もでてこないでしょう。唯一の鍵は、事物を個別に検討するかわりに、そうした事物間の関係を考察することであり、したがって関係の体系を、それも変形を前提とした関係の体系を理解しようとすることなのです。

＊　前出『シュルレアリスムとは何か』

先ほど話のきっかけにした狂言の問題も、結局は、ロートレアモンの文句の場合とほぼ同一のものであります。あの狂言での問題は、どのような条件があれば扇が古傘に変りうるのかを知ることです。* そしてロートレアモンの場合には、どのような条件があって、先に見たような数々の逆転とひきかえに、ミシンが洋傘に変形する——観念的に、ということですが——のか、あるいは、洋傘がミシンに変形するのか、を知ることが問題なのでした。もっとも、答えは狂言の場合よりずっと複雑ではありましたが。

ところで、この変形（変換）の概念は、格別に実り多きものです。というのも、この概念のおかげで、ひとつには数学者からの、もうひとつには言語学者からの、助力を求めることが可能になるからであります。かつて、親族組織の問題に数学の方法を適用しようとはじめて考えたおり、わたしは、ある高名な老数学者のもとを訪れ、自分のかかえている問題を説明したのですが、彼はこう答えました。「お役には立てそうもない。わたしが知っているのは加算であり、引算であり、掛算であり、割算であるにすぎない。ところが、あなたのおっしゃる婚姻の問題は、そうした操作のいずれともくらべがたい」。

そこでわたしは、新しい学派の数学者を訪れてみました。この数学者はわたしにこう申しました。「あなたの問題は完全に解けます。数学者としてのわたしには、婚姻のなんたるかを知る必要はない。興味のないことです。わたしに関心があるのは、さまざまに異なった婚姻タイプの間になんらかの関係が存在するかどうかを知ることです。言いかえれば、ある世代における婚姻のタイプは、その前の世代、ないしは次の世代における異なったタイプの婚姻方式と、連繋があるのかどうかということです」。要するに、どのような場合にも、事物ではなくて事物間の関係を考察することによってこそ、分析の端緒が開けるのでした。

構造主義と人類学

ここで、構造的アプローチが、何ゆえにまたどのように人類学にとって不可欠なものであるのか、また、どうしてそれのみが人類学の進歩を可能にするのか、をお話しして結論としたく思います。人類学は、すべての人間科学のうちで、おそらくはもっとも野心的な学問であります。それは、人間についてのトータルな研究を目論んでいます。それも、いろいろな観点からみてトータルな研究を、です。まず、空間的観点から言えば、わたしたちの研究の特権的領域である無文字社会は、一九世紀にはまだ、この地球上で人間が住んでいる地域の大部分を占めていたのです。さらに、時間的観点から見ても、わたしたちは、非常にアルカイックな種類の生活、わたしたち自身の生活と

＊　地紙も骨も要元も同一である、云々。

は大変に異なり、大変に遠い種類の生活にモデルを求め、これによって、何千年も何万年も前に存在したかもしれぬ生活様式、思考様式の理解を可能にしようとしているのであります。

さらにまた人類学は、もっとも物質的なものからもっとも精神的なものまで、人間生活のあらゆる側面に関心をもちます。道具に、農耕技術に、あるいは狩猟技術に関心をもち、同時にまた、宗教的な信仰、法律上の規則、さまざまな制度にまで関心をもつのです。したがって、人類学は、その前途に巨大なプログラムをもっている。人間にかかわる学問がかつて抱きこもうとしたうちで、おそらくはもっとも広範なプログラムをもっているわけなのです。

この盛りだくさんなプログラムを前にして、人類学は、いわば逆説的な状況に置かれています。人類学がかかわるものの総体は、一方では有限の集合だとも言えます。つまり、いわゆる原始社会は姿を消しつつあり、過去において民族学者に研究されてきたタイプの社会が、今後も長期にわたって存続するとは考えられないからです。したがって、認識の進展は、この有限のデータ集合を操作し、種々の相関性を発見していくことでのみ可能なわけです。ところが、一方でこの集合は、いかに有限とはいえ大層な広がりをもっている。民族学者によって観察されてきた社会、ないしは、過去においてこの地球上に存在し、わたしたちが現に情報を有している社会の数が、四〇〇〇から五〇〇〇に及ぶことを申し上げれば十分でしょう。

したがって、数学者のいう「正当な単純化」を導入し、関係してくる厖大な量の変数を制御して、そのいくつかだけをとりあげるような手段を発見しないかぎり、わたしたちは、この資料の海で溺れかねないことになる。そのための手段こそ、ここまでいくつかの実例で説明しようとしてきた方法によって与えられるものなのであります。この方法のおかげで、観察された厖大な数の対象が、実は互いに還元可能なものであること、同一の対象が、社会ごとに異なったコードと異なった言語で、それぞれに表現されていることなどが理解できるのであり、その範囲で対象の単純化がなされうるのでした。事物自体よりはむしろ、事物間の関係に注意を向けてこそ、なんらかの成果を期待しうるのであります。

ところで、これまでわたしたちに向けられてきた批判、これからも寄せられるであろう批判は、次のようなものです。「どうにも感心しかねるのは、あなた方がまったく形式的なレヴェルに立っていて、情緒的、情動的内容というか、人間主体の生きた関心事をとり落してしまっていることだ」というのです。わたしとしてはこう反論したい。そのような批判は、わたしたちの学問よりもずっと進んだ科学については考えられもしないことで、たとえば物理学者たちは、相手が実験家だから、理論家だから、などと言って争ったりはしないものです。物理学を進歩させるには、チョーク片手に黒板で仕事をする者もいれば、巨額の産業投資を必要とする巨大機械相手に仕事をする者もいなければならぬことが、よくわかっているからです。なにもこの例にかぎったことではなく、要は相互に補完的な観点の問題なのであります。

よろしければある比較で話をしめくくらせて頂きたいのですが、顕微鏡で水滴を観察している学者のことを考えてみましょう。彼の顕微鏡は、いわゆるレボルバー付の顕微鏡で、倍率の異なった対物レンズがいくつもついているとします。さて、彼がどの倍率のレンズを選ぶかによって、目に映るものは極端に異なったものとなるでしょう。倍率の低いレンズを用いれば、水滴の中で、小さな動物たちが互いに愛を営んだり、互いに殺し合ったりしているのが見えます。もう少し、倍率を上げると、小動物たちの個別性は姿を消し、その身体を構成する細胞しか見えなくなる。学者はそうした細胞群の機能を観察することになるわけです。さらに倍率を上げますと、細胞自体も姿を消し、最高級の電子顕微鏡ででもあれば、理論的には細胞の構成原子まで見えてくることになります。

ところで、こうした観点のいずれが特権的というわけでもありますまい。個人的かつ歴史的な生成にかかわる主体としての人間に関心をもつのも正当なら、まったく別の視座に立って、もはや主体をではなく、主体が意識していようがいまいが、これを機能せしめている知的メカニズムを把捉しようと努めるのも、同じく正当なことなのです。

フランスでは、「主の右には多くの席がある」*などと申します。構造主義は、それが唯一可能な人類学であるなどと主張するものではありません。構造主義は、可能な人類学のうちのひとつであり、あらゆる人びとの協力を必要とするひとつの知の進歩のために、おのおのが独自の方法でもって貢献しようとしているにすぎないのであります。

（三好郁朗訳）

＊　唯一無二の地位などありはしない、の意。

神話とは何か

一九七七・一一・二四
東京・日仏学院

神話と民話

今日の講演の内容は、日本へ向けて出発するほんの数日前に想を得たものです。講演の題を知らせるようにというお手紙を、ド・ボーセ氏*からいただいたまさにその同じ日に、フランス国営放送から電話がかかりました。「ある女性の聴取者から、神話とは何か、民話とは何かを説明してほしいと言ってきているので、三分間で答えてほしい。電話を録音する」というのです。その時はなんとか三分間でやってのけましたが、そのあとで、一般聴取者の方がこのような問題に興味をもたれるのだったら、もう少し時間をかけて論じてもよいのではないかと考えたわけです。そういうことから、今晩は「神話とは何か」という問題をご一緒に考えてみようと思います。

もちろん、すぐに思いつくもっとも簡単なやり方は、今日なお、親から子へ、子から孫へと神話を語り継いでいる人びとにそれを尋ねてみることでしょう。私が主に研究したのは北米や南米のインディアンですから、そこに例を求めることにいたします。

まずはじめに、インディアンには、神話と民話をはっきり区別し、それぞれを異なる名で呼んでいる部族が多いという事実があります。またそのような異なる名称が存在しない場合でも、それぞれに異なる規則のあることが認められます。たとえば、神話を語ってよいのは一年の半分だけであるけれども民話はいつでも語ってよい、という具合です。またあるいは、神話を聞くときにはあるきまった態度、あるきまった姿勢をとらなければならず、それに反する態度をとれば、その個人のみならず、集団全体にいろいろの災いがおこると考えられています。

しかしながら、原住民がつけているこうした区別に民族学者が頼ろうとすると、困ることがあります。その理由はいくつもあります。まず第一に、口頭伝承がまったく同じとまではいかぬとしても多くの共通点をもっている隣接部族の間においてさえ、どの物語を神話とし、どの物語を民話とするかは、必ずしも一致していません。そのほか、さきほど述べたような際立った区別があることから、神話の素材と民話の素材はずいぶん違うだろうと予想されるのに、実際に分析してみると結果は案に相違して、多くの場合、素材の違いがさほど大きくないことに研究者は必ず驚きます。事実、民話にも神話と同じ問題を同じ精神で扱っているものがたくさんあります。もしこの二つのジ

＊ 当時の駐日フランス大使館文化参事官。

ャンルの間に相違があるとすれば、それは性質の相違であるよりはむしろ程度の差だと言いたいところです。神話の扱う重要なテーマとか重要な対立は民話にもみられます。違うのはただ、その形が弱められ、また宇宙論から解放されてむしろ社会生活に結びつくものとなっている点です。

ここで例を一つだけあげましょう。天と地との間の距たり、そして両者を近寄せて、超自然の力の座でもある天上界と地上の住民が交わりを持てるようにする方法は、多くの神話が語るところです。さて、宗教的・形而上学的に非常に重要なこの主題の扱い方は、ヨーロッパの民話で王様と羊飼いの娘との結婚を語るやり方と実質的には異なるところがありません。王様は上、羊飼いの娘は下に位置するものです。神話では自然界の事物が占めていた場所を、ここでは社会的地位が占めているのです。

したがって、民話と神話の間になんらかの相違があるとすれば、おそらくこの方面にではなくて、むしろ民話にみられる次のような二重の傾向の中にそれを求めるべきでしょう。つまり、一方には類型化しようとする傾向があり、もう一方は、一見これと矛盾するようですが、語り手により大きい自由を委ねようとする傾向です。少し説明いたしましょう。ロシアの偉大な民話研究家にプロップ*という人がおります。民話の構造分析の草分け、創始者ともいうべき人ですが、スターリン時代には彼の著作は発禁にされていたため、まったく世に知られませんでした。そういうわけで、二〇年ほど前にはじめて欧米に知られるようになると、直ちに翻訳が出て、非常に大きい影響を与えたのです。さて、そのプロップが明らかにしたところによりますと、ロシアの民話はすべて――といっても実は、この国における民衆文学のすぐれた採集家、アファナシエフの作った民話集にはいっている話だけなのですが――同じ型によって作られ、同じ構造をもっています。個々の民話の間の相違はこの不変の構造ではなくて、語り手がその構造を具体的な話にするにあたって選ぶ作り方の差なのです。たとえば、物語がある所まで進んだときに、災いをもたらす人物がきまって現れますが、それはある民話では竜であり、別の民話では意地悪な魔女であり、また別の話では他の姿をとるという具合です。このように語り手は自由に物語の内容を変えます。しかし物語の形式は不変のままです。

ところで、民話のこういう対立、こういう逆説的な面はたしかに神話にはみられません。神話に異文がないというわけではありません。しかしそれは、語り手に委ねられた意識的な選択の自由の産物ではなく、ずっと解りにくい諸現象の産物としての異文なのです。それについては後に述べましょう。

さてもう一つの相違は、民話が好んで教訓的な機能をもつのに対し、神話にはそれがない、少くともすぐわかる形では神話には教訓がみられないという点です。民話とは、なにかを証明するため

＊　一八九五―一九七〇。『民話の形態学』初版一九二八。大木伸一訳、白馬書房、一九七二。

のもの、聞き手を説得するためのものです。いまさき例をひいたロシアにもどりますと、多くの人びとの観察によれば、ロシア民話の語り手は、始めにはどの民話を語るかを自分でもはっきりとはきめていないらしいのです。酒場で誰か酔っぱらいが瀆神的言辞を弄し、神の存在を否定するのを聞くと、民話の語り手は立ち上って申します。「お前の話は嘘だ。神様はおられる。その証拠を言ってあげよう」と。そうして彼は教訓が結びになっているような話をするのです。しかし、もしその同じ酔っぱらいが反対の立場をとり非常に信心深いところを見せるならば、民話の語り手は「お前の話は嘘だ」と言い、逆の教訓をもつ別の物語をするでしょう。かつてロシアの民話のある語り手が申しました。「私が語るのは反対のことを言うためです。相手が間違っていて、真実は反対側にあることを証明するためなのです。」

ところで、神話と民話との区別の拠りどころを探しはじめると驚くことがあります。それは、ヨーロッパの伝統の中では子供向きのたわいもない作り話にすぎない類の物語が、北米のあるインディアンたちのところでは、もっとも神聖な物語とみなされていることです。たとえばフランスの『狐物語』にまとめられている話では、狡猾な主人公がいろいろの不運な出来事に遭遇します。ところがアメリカにもまったく同じような物語があり、それがほとんどすべて同一の型に基いて作られているのです。筋を簡単に申しましょう。狡猾な主人公の動物が他の動物を訪問します。すると、相手は非常に豪勢なもてなしをし、魔法でご馳走を出現させるのです。たとえば、自分の股の間からさまざまなご馳走を出したり、木に登ってゆするとありとあらゆる種類の料理が落ちてきたり、といった調子です。そこでトリックスターのわが主人公は、「人を招待するなんてごく簡単なことじゃないか。自分もやってみよう」と考えて、前に招いてくれた相手を招待し、同じようにやろうとします。ところがその結果は悲劇的で、あげくのはては主人公が命を落としてしまうようなことになります。もっとも、少し後で生き返るのですけれども。

さて、われわれには笑い話か、ときには糞尿譚ともみえるこういう物語が、なぜ非常に神聖な神話とみなされているのかを考えてみましょう。その説明はかなり簡単に見出せます。つまりこれらの物語は、一方、自然の法則が機能せず、したがって呪術であらゆる種類の奇蹟的な結果が得られた時代と、他方、わがトリックスターの引き起こす事件によって予告され始まっている別の時代、すなわち、もはや自然の秩序を越えることのできない時代との間の分離を示しているのです。ここに神話と民話の区別の鍵があると思われますし、事実、多くの民族がそのことを意識しています。インディアンたち自身がわれわれに語るところによると、神話とは、動物界と人間の間にまだ区別がなく、動物が人間の姿をとったり、人間が動物の姿をとったりできた時代に遡る物語であります。そして、「歴史時代」という表現をあえて使うならば、それは動物と人間とが完全に分離した存在になった時に始まったと言えましょう。

さて、以上のことを述べたところで、神話とは何かを考えてみましょう。まず原則的定義を下してから、いくつかの例でその定義の説明をしたいと思います。

神話とはまず、今しがた申しましたように、動物と人間とがまだ互いに切り離されておらず、それぞれが宇宙に占める領域がまだはっきり区別されていなかった、非常に古い時代におこったことの物語です。しかし同時にこの太古の出来事は、いろいろの事物がどのようにしてできたか、現在どうなっているか、将来どのような形で残るかということを説明します。ゆえに神話の第一の性格はこの「時間統合機能」です。それは、過去によって現在を説明し、現在によって未来を説明して、ある秩序が現れるとそれが永久に続くことを確認するものです。

第二の性格は「複数コードまたは多重コードの使用」と私が呼ぶものです。神話が問題にするのは、けっして特定の一現象を説明することではありません。神話の全体が要約されるような一つの筋を用い、ただ一つの説明によって、宇宙のさまざまな次元において事物がなぜ現在の姿であるかを述べます。しかしそれだけでなく同時に、異る種類、異る型の次元の間に奥深い秘かな類似が存在し、ある次元が他の次元と照応するのはなぜかをも説明するのです。たとえば同じ神話が同じ筋によって、第一にはなぜ太陽が地球からほどよい遠さにあるのかを説明しようとします。あまり近すぎれば大火災で何もかも燃えてしまうでしょうし、あまり遠すぎれば永遠に夜と冬が支配する世界になってしまうでしょう。また第二に、なぜ太陽と月が互いにほどよい距離を保ち、あまり近すぎも遠すぎもせず、昼と夜が規則正しく交替するようになっているかを説明します。同様に、永遠の冬とか果てしない夏ではなく、季節が規則正しい周期で交替するのはなぜか、動物の種が混り合わずそれぞれ別のものであるのはなぜか、男がほどよい距離のところに妻を求めねばならぬのはなぜか、という説明にもなります。あまり近くに妻を求めると近親相姦になるでしょうし、遠すぎて外人（他部族の女）を妻にしてもいけない。他部族の女は原理的に敵であるかもしくは災厄をもたらす魔法使いであって、それはわが身の破滅をひき起こすことになるかもしれないのですから。

このように見てくると、宇宙論、天文学、気象学、動物学、植物学、社会学と、あらゆる層を通じて、結局は同一の問題が問われ、同一の問題に神話が答えようとしているのがおわかりでしょう。太陽と地球との間の距たりという空間的不連続の創設も、昼と夜の交替や季節のリズムという時間的不連続の創設も、宇宙論ないし占星術上の考察も、分類学上の考察も、より最近の自然科学が対象とするような考察も、みな同じなのです。これらすべての場合を通じて、いま述べたような相違があるにもかかわらず、神話が証明しようとするのは、それがただ一つの同じ問題であることです。それは、こう言ってよければ、連続と不連続の間の一種の調停です。これらの事物は、相互に切り離されすぎたり遠ざけ距てられすぎてもいけないが、混同する恐れのあるほどに接近させられてもいけないのです。

こうして神話は、民話とは異ったもの、もちろん今日われわれが行なっている科学的説明とも異ったものであることがはっきりします。それは大きな、いくつもの次元をもつ仕組として現れ、遠い過去であれ、はるかな未来であれ、現実の現在であれ、時間性はすべて一まとめにし、同じ論理の型に入れてしまおうとします。また、われわれならまったく別々の学問に属するものとして違った原理で説明しようとするような事柄を、何でもこの大きな一つの仕組の中に押し込んでしまおうとするのです。

神話の方法(1)　二項対立

そこで直ちに生ずるのは、どのようにして神話がそれをなしとげるのか、言いかえれば、完全に無効な手段を使ってこの種の力業をどのようにして達成しうるのかという問題です。(私は神話が正しい説明を与えると主張するつもりではありません。ただ神話は、今日われわれが満足している説明よりもはるかに野心的で、またはるかに複雑な論理をもった説明を与えるのです。)

さて、神話の方法、もとより無意識の方法ですけれども、それは多様なあらゆる具体的事物、つまり、視覚・味覚・触覚・嗅覚などどの感覚のとらえた事実であろうと、社会生活の経験であろうと、すべて「二項対立」の総和に還元していくやり方です。われわれがテーブルの上にトランプを並べて一人占いをするとき、赤い札ばかり、黒い札ばかりをまとめたり、赤と黒を交互にしてみたり、絵札から順に小さい数の札へと並べたりしていって、ときどき成功することがあるように、神話は、事物のあらゆる対立を並べて、一つの意味体系を構築するに至るのです。これについて例をひくのはたいへん難かしいことです。神話は一般に非常に長いものですから、その話をするだけで、例のフランス国営放送によって与えられた三分間はおろか、今晩ここで私に与えられている時間さえも超過してしまうでしょう。ですから、ごく図式的に要点のみに限ってお話することになるのをお断りしておきます。

私のよく知っている北アメリカのインディアンに、サリッシュ族という一群があります。それは合衆国北部太平洋岸のオレゴン州とワシントン州からカナダのブリティシュ・コロンビア全域、つまり北アメリカの北西部全体に、一〇〇〇キロメートルとまではゆかなくても数百キロメートルにわたって拡がっている言語集団です。さて、このサリッシュ・インディアンの神話では、超自然的存在に三つの型があって、それらはいずれも女である点で共通しています。

超自然的存在の第一の型は、けっして自分の姿を見せず、話しかけても口をきかず、自然にできた井戸の底に住み、頼むとおいしい料理のはいった皿や鍋を水面に運んでくれるという女です。こ

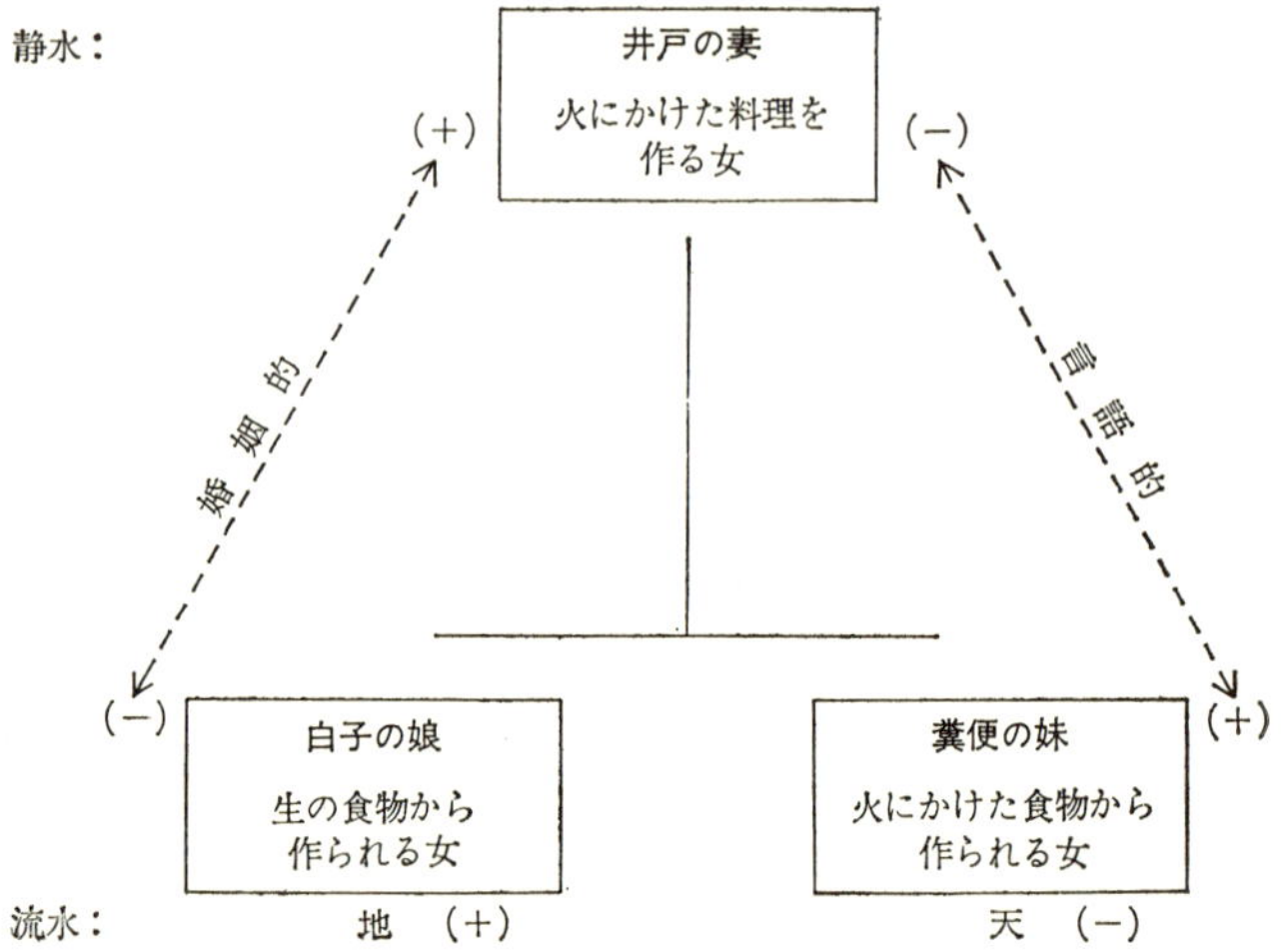

れと似た話は、日本や、さらに広く東南アジアにもみられると思います。この型の女を「井戸の妻」と呼びましょう。火を使って料理してあり食べるばかりになったご馳走を男たちに供給してくれるという点で、この女たちは妻として振舞うからです。いま言ったことですが、その要点を強調しておくと、それは火にかけた料理を作る女であり、しかし、口をきかぬ製造者なのです。

超自然的存在の第二の型は、トリックスターである造物主がサケの白子を魔法を用いて娘の姿に作り変えたものです。造物主の方が行儀よくしているかぎり、すなわち女たちを娘として取扱う限りは娘の方も親切に振舞うのですが、男が邪悪な欲望を抱いて妻にしたがったりすると姿を消してしまいます。すぐおわかりのように、前の型の人物とこの型の人物との間には二つの特徴的な相違

	井戸の妻	白子の娘	糞便の妹
流水／静水	−	＋	＋
地の水／天の水	＋	＋	−
火にかけた食物／生の食物	＋	−	＋
作る女（機能）／作られる女（対象）	＋	−	−
婚姻的／非婚姻的	＋	−	−
言語的／非言語的	−	＋	＋

があります。第一の型の女たちは食物を作る人物でしたが、第二の型の女たちは食物で作られる人物です。一番目は火にかけた食物を作る女でしたが、二番目はサケの腹から取り出した白子ですから、生の食物で作られた女です。このように両者の間には特徴的な二点の対立があるのがおわかりでしょう。

さて超自然的存在の第三類は、同じトリックスターの造物主がなにか問題があって助言を必要とするたびに自分の糞便で作る女たちです。彼は魔法で自分の排泄物を妹たちに変えるのです。妹ですから、近親婚禁止の掟によって妻にはできません。大変なおしゃべりで、造物主が助言を必要とするときには直ちに意見を述べます。この女たちもサケの白子でできた娘と同じように食物から作られていますが、こんどは生の食物ではなく火にかけた食物からです。

ところで、この三人の人物、もしくは三群の人物の間には、さらにもう一つの対立軸があるのがおわかりでしょう。「井戸の妻」は黙っていて口を開くのを拒み、「糞便の妹」は話すことばかり求め、際限なく語り続けます。一方は言語的で他方は非言語的であると言えましょう。また同様に、井戸の底に住み、妻らしく振舞い、料理を作る女は婚姻的関係にありますが、「白子の娘」は、造物主が妻としようとすると逃げだし姿を消してしまうのですから非婚姻的です。

最後にもう一つ、水に関して対立があります。三例いずれの場合にも水が関係しています。第一の型の女は自然の井戸の底、すなわち、静水の中に住んでいます。第二と第三の女たちは流水と結びつきます。白子で作られた娘たちの場合は、サケが海と川の流れの中で生きているからです。第三の女たちは否定的な形で水とかかわります。造物主が彼女らの助言に満足でない時は、糞便にすぎぬ妹たちを豪雨で溶かしてしまうぞと脅かすのです。したがってここで〈流水/静水〉という新しい対立がみられ、さらにそこへ〈地の水/天の水〉という対立も加わります。

もしここに黒板があれば表にまとめることができるのですが*――でも、書くと時間をとりすぎますから黒板がない方が結構ですけれども――あらゆる対立を列挙しますと、それぞれの型の女たちが六つの対立によって規定されるのがおわかりでしょう。〈流水/静水〉、〈地の水/天の水〉、〈火にかけた食物/生の食物〉、一方は作る女で他方は作られる女という意味で〈機能/対象〉の対立、〈婚姻的関係/非婚姻的関係〉という婚姻についての対立、一方は〈言語的/非言語的〉という言語についての対立がそれです。もし黒板を使えば、これらの対立のそれぞれについてプラスとマイナスの記号をつけることができたでしょう。これらの組合せによってそれぞれの型の女が六つの対立によって規定されること、またその関係はプラスであったりマイナスであったりして、いま検討した三つの場合がそれぞれ異なることがわかるのです。以上が第一の方法、すなわち「対立」です。

神話の方法(2)　変換

第二の方法は「変換」です。まずできるだけ簡潔に例をあげたいと思います。今度はアメリカ・インディアンではなく、旧世界の社会に例を求めましょう。驚くことに、旧世界にも新世界にも、私が「オイディプス型」と名づける神話があるのです。つまり、われわれの社会では「オイディプス神話」によって知られている型に一致するもの、すなわち謎の話と近親相姦の話が一緒に並べられている神話です。アメリカでも古代ギリシアでも、近親相姦と謎とが一緒にされている事実によって直ちに同じ型の神話だと気がつくのですから、近親相姦と謎との間に何か共通点があるはずです。地理的にも歴史的にも遠く距っているのに、どちらの場合にも、いわば神話にこの二つのテーマを並置しなければならない理由があって、それがこの型の神話の不変特性を構成していると考えられます。

＊ 講演のとき黒板に書かれるはずであったと考えられる図と表を『神話論』第四巻から採り、参考のため七〇頁と七一頁に挿入した。

謎めいて聞えますけれども、この謎はすぐにわかります。なぜだろうと考えさえすれば、直ちに解答ができます。すなわち、近親相姦は、社会の規範によれば、けっして結びつかぬはずのもの、分離されたままであるべきものの結合です。では謎とは何か。それは、けっして答えが結びつかぬはずの問いです。したがって答えと問いとの間には、近親相姦を犯す男女の間と同じ距たりがあります。オイディプス物語でよくわかるように、謎とは解かれるはずでないものです。社会生活の面において、近親相姦とは、結びつくべきではなかった男女の結合であって、謎の場合に、見つかるはずでなかった答えが見つかる場合もあるのと同じです。謎と近親相姦との一体性・共通性のもっともよい例証になるのは、この物語で近親相姦を犯す主人公が彼自身にとって一つの謎であるという事実です。彼は自分が何者であるかを知らず、まさにそのためにこそ、この重大な過ちを犯すことになるのですから。

ここでわれわれは、以上の公式を用いて、それを変換すればどうなるかを考えてみるとよいでしょう。謎とは、答えがないことを予想する、あるいはそれを望む問いであるとします。この文を反対に変換して、問いがないような答えとはどういうものであろうかと考えてみましょう。これは一見したところ馬鹿げた対立のようにみえます。しかし「聖杯探索物語」*の神話に例のあることにすぐ思いあたります。聖杯を見た主人公が、「それを誰のところへもって行くのか」と尋ねさえすれば、城主やその周囲の人びとを救うことができたのです。彼がその質問をしなかったがゆえに、あらゆる災いが続くことになります。

このようにして、一方には答えのない問いから成り立つオイディプス型の神話があり、他方には逆変換により、問いのない答えという逆の図式をもつ神話のあることがわかります。アーサー王伝説の聖杯物語の主人公から名をとって、とりあえずこれを「ペルスヴァル型神話」と呼びましょう。この対称性、この変換関係に気づくと、類似のあらゆる種類の関係がただちに目につくようになります。ペルスヴァル神話の主人公は不倫の関係をもちませんが、オイディプス神話の主人公は自分の母と近親相姦を犯す性交渉をもちます。近親相姦の罰はテーバイの町を襲う臭気とペストであり、反対に、遠慮の過ぎた主人公ペルスヴァルへの罰は、アーサー王伝説のいうところの「荒地」です。オイディプス神話の「酷熱の夏」に対する「永遠の冬」です。この例によって、一つの神話がどのようにその反対の形に変換しうるかがわかります。ここでは単純な例を選びましたが、もちろんその間にいろいろ中間的な段階のものもあります。

しかし、「あなたのやってることはいわば手品のようなものだ。まったく形式のみの手前勝手な戯れだ。物事が実際にその通りだという証拠は何もないではないか」と言う人があるかもしれません。もっと時間があれば、はじめにお話したサリッシュ族の神話の場合を例にしてはっきり説明を

＊　いろいろの異伝があり、ここで問題にされている部分が非常に異っているが、以下の話はとくに十二世紀のフランスの物語作家クレチャン・ド・トロワの『ペルスヴァル』によっている。

したいのですが、残念ながらその余裕はありません。これらの人物、すなわち「井戸の妻」、「白子の娘」、「糞便の妹」それぞれの特徴となる容貌や性格は、マルクス主義者たちが下部構造と呼ぶもの、つまりこのインディアンたちの生活様式に、もっとも奥深い所で結びついているのです。海岸に住んでいるか内陸に住んでいるかによって漁業の有無という相違が生じます。しかし言語的には同一語族だし、またいろんな部族のものが集まる大きな市が開かれて、そこでは異なる集団の間に取引きが行われるのですから、違った方言を話す人びとの間に言語によるコミュニケーションが成り立っているはずですし、また集団の間に通婚による同盟関係も成り立っています。これらすべてが一体となって、神話と密接に結びついているのです。

またペルスヴァル神話の場合をみますと、ケルト文学や中世文学を専門とする文献学者たちは、用いるテキストによって、この物語には二種の異文があって、その違いが非常に大きいという事実に、昔から、そしておそらく今もなお、非常に困惑しています。一方の異文では豊かさと健康回復のための探索であり、他方では仇討ちを求める話になっているからです。

ところがアメリカ大陸の神話にもまったく同じような異文があります。たとえばアルゴンキン語系の諸族においては、「聖杯」にあたるものは一種の鍋です。それはふしぎな鍋で、中身をいくら取り出しても尽きることがありません。この「無尽の鍋」はトウモロコシの収穫を保証しているのですが、あるとき若者たちがトウモロコシに対して払うべき敬意を表さないという無礼をはたらいたために、トウモロコシがすっかりとれなくなってしまいました。そこで失われた豊かさを取り戻すための探索がはじまり、それが物語の筋となっています。

ところで、同じ神話が農業を営まぬ部族のところにも見られます。農業を営まないのですから、いまの話は意味をもちません。そこで、探索の代りに仇討ちをすることになります。すなわち、敵によって身内を殺された主人公が復讐を企てるのです。

私はこれによってケルト文学の源に農耕民と非農耕民とがあったなどと言うつもりは少しもありません。そのような推測をする根拠はなにもありません。これにはもっと意味深長な理由があるのです。それは、豊かな収穫の探索と仇討ちとの同化・変換の可能性の基礎になる類推法は、首狩り族のみが考えうるものだという点です。敵の首をもち帰って保存するのは、それが魔除けになり豊かな収穫の保証になるからであって、この意味で「首」は「無尽の鍋」なのです。さて、ここで注目をひくのは、ケルト人が首狩り族でしたし、アメリカ・インディアンも首狩りをしたり、頭の一部である頭皮を集めたりしたことです。このように、東半球と西半球で、歴史的にもまったく異なる時期に、それぞれ独自に、ある種の同じ力が働いているのです。神話は自由にどの方向へでも発展できるわけではありません。それはいわばカフェなどにおいてあるスマートボールの球のようなものです。お金を入れて、出てきた球をどこかの穴に入れようとしますが、球はどの方向にでも自由に行けるわけではなくて、いくつかの道筋があらかじめきまっています。選べるとしても、それはどの道を選ぶかという偶然だけであって、球は必然的に、定められた道の中のどれかを辿らなければならないのです。

以上の話で、神話にはすべて不変の要因があり、それは下部構造の支配を受けないということがおわかりになったと思います。

神話の方法(3)　媒介

すでに「二項対立」と「変換」という二つの方法を説明しましたが、第三の方法は「媒介」です。すなわち、いくつかの項目を対立させた後で、それを集め結び合わせ、外面の矛盾を乗り越える方法を見出そうと試みるのです。

ここでも、神話の選択は次の二つの方式のどちらかにほとんど限られています。対立する項があるとき、それを調停するには二通りの方法があります。一つは両者を近づけて、はじめの矛盾・対立をなくす方法です。もう一つは両者を離れたままにしておいて、どちらとも異なるが、どちらにも関係のある第三項を両者の間に導入する方法です。

たとえば、北アメリカで、隣接して住んでいるいくつかの部族に、火の起源について二通りの説明がみられます。もともと人間は火をもっていませんでした。火は天のものあり、地は夜の支配する寒いところでした。料理が存在するためには、天から火をもってこなければなりません。ある型の説明によると、地上の住民と天上の住民の間に戦争が起こって、地上の住民が天に登り、火を奪って持ち帰ったことになっています。

ところが隣の部族では話がまったく違っていて、人間が火を用いるのは、犬がもってきてくれたからだというのです。なぜ犬なのでしょうか。犬は家畜ですから、自然の領域と文化の領域の双方に属しており、対立する二項の中間に位置します。それはちょうど、火が人間に征服されて地上にもたらされても、もとは天にあった印を保ちつづけ、天と地の中間に位置づけられるのと同様なのです。

これとまったく同じ型の媒体構成法は、古代メキシコの「羽根のある蛇」の姿にも見出すことができます。蛇は地下の世界の住人ですが、羽根は天上の世界の住人である鳥のものです。ですから「羽根のある蛇」とは、同時に天上にも地下にも属し、両方の世界の特質を兼ね備えている存在なのです。さらに、ガマやカエルに同じ役割が与えられることもあります。地と水との中間にあり、どちらの性質も分ちもっているからです。

神話の消滅

以上、いくつかの例をあげて、神話がどのように機能するかをお話してきました。ここでつけ加えて言っておきたいのは、神話はつねに調和のとれたやり方で機能するわけではなく、神話が滅びることもあるということです。その滅び方にもいろいろな形があります。ゆっくりお話する時間はありませんが、昔のペルーの住民やブラジルのインディオにも、北アメリカ北部のインディアンのところにも、次のような同じ物語があります。みすぼらしい男が魔法で首長の娘を妊娠させ、やがて息子ができ、その息子にさまざまな出来事が起こるという話です。

さて、この物語が近隣の——といっても、さほど近くはありませんし、ぜんぜん別の言語集団に属していることから伝達はかなり困難なのですが——いくつかの部族の間でどのように変換されるかを観察してみます。ある部族ではこの神話は一種の劇的物語になってしまい、一九世紀の小説にみられるような、まったく悲劇的な結末となります。隣の部族では、ある氏族が他の氏族に対してもっている特権を正当化する物語にかわっています。第三の部族では、一七・八世紀以降、フランス系の白人移住者たち——当時そこはフランス領カナダでしたから——との特別な関係をもっている理由を説明するために、また近接する他の部族が敵対関係にあるのに、彼らだけが白人と協力関係にあることを正当化するために、この神話が用いられました。

要するに同一の神話が、その神話としての性格を失い、ある部族では小説に、隣の部族ではある権利を正当化するための伝説ないし法律文に、第三の部族では政治的立場の裏付けをするための歴史の一要素になっているのです。こうした事実によって、神話の断片がどのようにそれぞれ特定の社会の中で存続しつづけるかがわかります。またそれは、今日の私の話を締めくくるにも好都合です。つまり私は話を終るにあたって次のことを考えてみたいのです。それは「文字をもち近代的科学思想を手に入れるに至った今日の社会においてもなお、神話が存在しうるだろうか」という問いです。

神話と歴史

もとより、さきに述べた神話の統合性は現代のわれわれの思考様式とはまったく相容れないものですから、神話が昔と同じ性格をもつことはありえません。科学的思考の出現とともに神話はいわば炸裂してしまい、いまやその破片が散乱しているのを見出すだけです。かつて神話が統一的な答えを与えようと努めていた諸問題は、今日ではまったく別々の問題となり、あるものには宗教的説明、あるものには法律解釈、またあるものには歴史的説明が与えられるようになりました。また科学が、かつては神話が扱っていた多くの問題に答えを与える役割を引受けています。現代のわれわれは、それで満足しなければなりません。要するにわれわれは神話分散の時代、神話解体の時代に生きているのです。

しかしながら、神話の断片は容易に見つかります。もちろん、まず宗教や芸術の中にみられます。これらは、神話の本質的特徴のいくらかを保持しています。しかし、いろいろ考えて見たうえで結局のところ、神話の特性をもっとももよく保存しているのはどの思考領域か、どの知的範疇か、と問われるなら、それは歴史の使い方（歴史そのものではありません。歴史そのものに対しては私は最大の敬意をもっています）である、われわれの社会が歴史を利用するその利用の仕方であると答えることになるでしょう。それは、明快な使い方、純粋な使い方ではありません。なぜなら、歴史はもとより過去を理解するのに役立っていますが、同時にわれわれの現在を解釈し、未来に向けて働きかけるのにも使われているからです。

例をフランスにとって私の言わんとするところを説明しましょう。ある左翼の人間がいるとします。彼はフランス革命を賞賛し、現在においてある理想に向かって積極的に行動する根拠をそこに求めます。そして革命を起こすことによってこそ、自分の生きる社会を進歩させ、未来を築くのに貢献できるという確信を抱きます。ところが右翼の人間はそれとは異なる考え方をします。フランス革命は多くの過ちを犯したし、失敗が多い。あれは高くつきすぎた。だから社会を進歩させるのに得策ではない。あの種の事件は避けるべきだ、と考えるでしょう。

神話と歴史は時間に対してまったく異なる態度をとります。つまり神話にとっては、物事は今日もこの世の始めと同じであるし、また未来においても太古や現在と変らぬはずのものです。ところが反対に、歴史はわれわれに過去の理解をもたらすだけでなく、現在において人びとを互いに対立させ、さらに、未来の築き方についても対立させる手段を与えています。一方は「静的・統合的歴史観」であり、他方は「動的・分裂的歴史観」です。

しかし、このような違いがあるにもかかわらず、歴史と神話はどちらも、過去によって現在を理解し、現在または過去の形式ないし解釈によって未来を準備しようとします。神話と歴史は、その意味では、時間に関して共通性をもっています。

われわれが「無文字民族」と呼ぶ人たちとわれわれ自身との間にあるもっとも大きい相違点は、おそらく、歴史に与える役割の対立にあります。「無文字社会」はしばしば「原始（未開）社会」(sociétés primitives) と呼ばれています。今日では民族学者たちはこの用語を避ける傾向にあります。しかし正しい意味を与えて使うならば、「原始」という用語を使うこともまったくの誤りというわけではありません。もとより、絶対的な原始社会などは存在しません。あらゆる社会は歴史の中に位置し、あらゆる社会は革命を、疫病を、戦争を、変遷を経験しているのです。しかしそれらの社会は、この歴史を無視し、あたかも歴史など存在しなかったかのようにふるまおうとするのです。（もとよりそれがうまくゆくことはありません。）反対にわれわれは、自分の社会の歴史的展開に目を向け、その中に発展の主要動因を見出すのです。

私はかつて「冷たい社会」と「熱い社会」という用語を使ってみたことがあります。それについていろいろ批判も受けたのですが、この表現で私が示したかったのはいま述べたことでした。一方はいわば歴史温度零度の社会、他方はいわば蒸気機関のように、内在する圧力差を利用して自らの運動を作り出そうとする社会です。もっとも、両極をなすこの二つのタイプのどちらかに完全に一致する社会がどこかにあるというのではありません。あらゆる社会は、純粋に理論的なこの両極の間のどこかに位置していると私は考えるのです。

*

さて、話が一時間になりましたが、以上が、もし三分以上使えたのなら、例のフランス国営放送の知識欲旺盛な聴取者に説明したはずの内容です。今日はそれよりずっと多くの時間をとってしまったことをお詫びいたします。

（大橋寿美子訳）

労働の表象

一九七七・一一・一四
国立京都国際会館

一二年ほど前に、人類学者のあいだで、ひとつの発見がありました。すでに一八世紀の思想家や哲学者たちがそのことを直観してはいましたが、私は、その発見をした人たちと同じように、それが現在においてもたしかに重要な意味を持つものと思っております。

その発見とは、技術的、経済的に水準の低い社会にあって、農業をまったく知らない人たちや、農業を知っていてもそれに目を向けずに狩猟や採集のみによって生活を営んでいる人たちが、自分たちのあらゆる欲求を満足させるために、きわめて短い労働時間しか必要としていないという事実であります。一般に、一日に三、四時間も働けば、一家族が生きるのに必要な物資はすべて得られますし、そのほかのさまざまな欲求をも満たすことができるのです。それゆえに、当時ミシガンのアン・アーバーにいた、私の友人である人類学者、シカゴ大学教授マーシャル・サーリンズが、このような採集民族の社会を「豊かな社会」と名づけました。* パラドクサルな面白い表現といえるでしょう。

このような発見によって刺激を受けて、フランスやアメリカおよびその他の国の、フィールドワークにたずさわる若い人類学者たちは、労働量や生産される食物の種類、量、分配などについて、あたうかぎり細部にわたる研究を行い、また、農耕民の社会に関しては、その社会の可能なかぎり詳細な土地台帳を作成する、という作業に熱心になっています。少くとも、これを彼らの調査の準備段階と見なして重視しているのです。これらの調査研究は、一般に「経済人類学」の名で呼ばれていて、調査研究の中にしだいに大きな役割を占めつつありますし、今日の人類学における、新たな、独創的な方向を示すものといえましょう。

しかしながら、きわめて有益なこの種の研究を行うに際して、人類学者たちが現在にいたるまで十分に考えおよんでいない事がらがあります。それは、彼らが「労働」という観念でとらえているものと、「労働」でないものとを区別するにあたって、きわめて単純に西欧的な物の考え方の基準を当てはめてきたという点であります。ところで、西欧社会における労働の観念は、明白に二つの要素によって規定されています。一つは、ユダヤ＝キリスト教的な伝統であって、これによれば、労働とは神の力によって人間に課せられた「罰」であります。もう一つは、商業経済および資本主義の観点からの規定です。つまり、それは「労働一般」という考え方で、いいかえれば、職業によ

＊ Marshall Sahlins, "*La première société d'abondance*"「最初の豊かな社会」Les Temps Modernes, oct. 1968; Id., *Stone Age Economics*,『石器時代の経済学』Chicago, 1972 など参照。

って、または目的に従って、個々に別々のものとしてとらえられるような労働ではなく、売買という操作の中で溶けあって一つになるような労働です。その結果、あらゆる種類の労働が市場の機能を通して、いわば等質化され、混ざり合ってしまいます。こういう労働の考え方は、商業経済の体制下においてしか成立しないのです。

このように、われわれ西欧の人間にとっては、労働一般という考え方があるわけですが、travail（労働、仕事）というフランス語、あるいはそれに該当する他の西欧諸国のことばを、一つの日本語の単語だけで統一的に訳すのは実際上不可能に近いということを、日本の方と話していてはからずも知りました。そうだとすれば、われわれとしては、もう一度、労働の観念について考えなおしてみる必要があるでしょう。西欧社会とはきわめて異質な、商業経済と無縁な社会においてはなおさらです。人類学者たちが自分たちの母国において「労働」ということばで表わしている観念は、これらのさまざまな社会において、はたして一つの同じ現実に対応しているのでしょうか。

私は今回の日本滞在の間にこのような問題に関連する実例にたまたま出会いました。残念ながら通訳によってその内容を理解しただけなのですけれども、大いに感じるところがありました。輪島で、蒔絵を製作している漆職人の仕事場を見学した時のことです。夫婦が一緒に働いていましたが、奥さんの方はその仕事のほかに、家事、炊事、子供の教育などにも携わっているわけです。*私が彼女にどちらの「労働」を好むかと尋ねてみましたところ、それにたいする返事によって、それら二種類の仕事の一方は「労働」と呼べるのに他方はそう呼ばれてはおらず、別の範疇になっていることが、日本語を知らない私にもはっきりと理解できました。

そういうわけで、私のいる社会人類学研究室の協力者たちと私はひとつの反省をしました。私と同じコレージュ・ド・フランスの教授であるジャン＝ピエール・ヴェルナンが、すでに十数年前に、古代ギリシアにおける労働の概念についての研究を発表していますが、[**] この種の研究をさまざまな社会に広げて考えてみることは、人類学にとって望ましいことではないか、特別に緊急かつ重要な仕事ではないか、私たちはそう考えているのです。

その研究の中でヴェルナンが指摘する第一点は、職人とその作品のあいだの関係について考える際に、現代におけるさまざまな概念をそのまま古代ギリシアに当てはめることは、まったく不可能だということです。つまり、古代ギリシア人の考え方によれば、たとえば、椅子の本質とはその使用目的に各部分が完全に適合することであり、それはすでに材料である木の中に存在するのであって、職人の役割は、この本質をできあがった物体に移しかえることだけです。また家は、石工を仲

* フランス語ではこれらの仕事に対しても「労働」を意味する単語 travail がごくふつうに使われる。

** Jean-Pierre Vernant, *Mythe et pensée chez les Grecs*『ギリシア人の神話と思想』T. II, Paris, 1965. には次の章名が見られる。古代ギリシアにおける労働と自然、古代ギリシアにおける労働の心理、など。

介として家から生じます。* したがって、職人は、彼の仕事の対象となる材料と、できあがった物を使用する人との両者にたいして、ほとんど従属的といえる位置を占めるに過ぎないのです。

ヴェルナンの論じた第二点は、人間の活動には二つの型があって、両者のあいだには本質的な区別が存在するという指摘であります。すなわち、プラークシス（πρᾶξις）は行為をする人間が自分自身の目的のために事物を使用する行為であり、ポイエーシス（ποίησις）は事物をそれ自体の目的のため、あるいはそれを使用する人の目的のために作り出す行為であります。したがって、プラークシスに該当するのは、たとえば、哲学者が自分の学説の正しさを聴衆に説得する行為とか、政治家が市民に演説する行為などです。しかし、この語は職人の仕事には絶対に当てはめることができません。そのような仕事はポイエーシスになるのです。なぜなら、職人が物を作り出す際には、自分自身に属する目的のためにではなく、作るべき物の本質によってあらかじめ決定されている目的のため、あるいは使用する人の必要、欲求に応じて、その行為を行うからであります。

そこで、これらの研究を進めるにあたって、今後のわれわれの研究には、基本的方向が三つあると考えました。まず第一に、当然ながら、語彙論的、意味論的研究があります。われわれが研究対象としているさまざまな社会の言語の中に、travail（労働）に対応することばが存在するか、全く存在しないか、あるいはいくつか存在するか、このことを知っておく必要があります。

フランスの若い人類学者ミシェル・パノフが最近の論文で発表しているのも、この領域の研究であります。** それはニューブリテン島のマエンゲ族についての調査で、その中でパノフは次のことに注目しています。マエンゲ族の社会には、travail という語に訳しかえられることばは一語も存在しない、また、われわれが動詞 travailler（働く）で表現するであろう行為にたいして、マエンゲ族は四つの異なる動詞を用いていて、その使いわけを理解するのは時にはきわめて困難であるが、その背後にこの民族の社会哲学、自然哲学をうかがい知ることができる、というのです。

　四つの動詞の第一は「レゲ」(lege)。物を秩序づけることを意味します。旧約聖書をマエンゲ語に訳すと、「神は世界を造りたまいき」における神の行為は、この動詞によって表現されます。第二は「クマ」(kuma)。力を使うという意味ですが、かならずしも生産のためにとはかぎられていません。第三は「ヴァイ」(vai)。はっきりとした目的のために行動すること。第四は「ラヴェ」(rave)。あるものを「取る、抽出する、把む」ことを意味しています。マエンゲ族は状況に応じ

---

* 理解の一助に、アリストテレス『形而上学』第七巻第九章から例を引いておく。「技術によって生成する事物はすべて、自然によって生成する事物（人間や植物など）と同じく、その事物と同じ名前のものから生じるか、もしくは同じ名前のものの部分から生じる。たとえば家は家から、すなわち理性によって作られるものとしての家から生じる。建築の技術は家の形相である。……生物の種子は、技術によって作る人間と同じように、その生物を作る。種子もそれから生れる生物の形相を可能的にもっているからであり、種子を生んだものと種子から生れたものが同じ名前をもつ点も（家から家が生じるのと）同様である。」（大意）

** Michel Panoff, "*Energie et vertu: le travail et ses représentations en Nouvelle-Bretagne*" 「力と徳——ニューブリテン島における労働とその表象」L'Homme, avr.-sept. 1977.

てこれら四つの動詞を使いわけます。そして、これらの動詞で表現される範囲には、フランス語の travailler に該当する行為だけでなく、他の多くの型の行為も含まれるのです。このようなわけで、語彙の研究、travail という単語の語学的研究が、われわれにとって出発点であると思われるのです。

第二に、人間と物質、より一般的には、人間と自然との関係についての研究があります。西欧では、自然は人間の力を前にして全く受動的な存在であると見なされる傾向があります。しかし、あらゆる社会において事情が同じというわけではありませんし、職人的な労働を考えるか、すでに工業化された労働を考えるかによっても、その見方は異ってくるでしょう。

今回の旅行中に私の心を把えたもう一つの経験をお話しましょう。金箔師の仕事場を見学した時のことです。その人はまず、金箔を作り出すためのきわめて伝統的な方法を説明してくれました。紙のあいだに金箔をはさんで打ち延ばすのですが、その紙の製法には多くの秘法があるそうです。その人が説明に使った用語をそのままフランス語に訳してもらったのですが、それによれば、あるきまった方法で紙を処理し、何回か使ったあとでは、紙が自ら金箔をおしひろげうるような状態になります。つまり、紙に一種の力があるというのです。

ところが、金箔を打ちのばすというもっとも重要な作業を見せていただくと、そこで使われているのは、きわめて新しい型のエアハンマーであったのです。このような道具を仕事に積極的にとり入れている職人が、一方では伝統的方法によって手仕事で処理した紙を用いている。私としては、たいそう不思議に思ったしだいであります。

さて、第三点、これで最後になるわけですが、それは、労働に与えられている価値観の問題です。つまり、社会が労働に属する諸活動にたいして与えている価値観が肯定的か否定的か、また、職業に従事している人が自己の職業にたいしてどのような価値観を抱いているか、という点についての研究であります。

数日まえに能の舞台を観ました。「高砂」という題であったと記憶しておりますが、その中で私が大そう感じいりましたのは、労働を表わす身ぶりがそのまま詩的表現の手段となっていたことです。われわれ西欧の者にはとうてい考えおよばないことではないでしょうか。

もちろん、あらゆる職業がすべて同じ地位を与えられているのではなく、その地位には高低があります。職業が自らに与える評価は職業によって異りますし、隣接の職業に与える評価も同じではないのです。

輪島で、私は一二人ばかりの若い職人たち（木地師と、蒔絵・沈金両方の塗師の人たちでした）と食事をともにする機会をえました。その人たちが自分自身のことを述べるとき、また違う仕事をしている職人のことを語る場合に、伝統的なきまり文句を持ち合わせているのかどうかを知りたくて、私が質問をいたしましたところ、大へんな議論となって、多くの諺や言いならわしが次から次へと口をついて語られました。私はこのような領域における研究材料がいかに豊富であるかを知ることができたのです。われわれは日本の同学の方たちの研究成果についてよく知りませんが、おそらく、すでに調査を進めておられることと思います。

要するに、労働については、あらゆる方面の調査研究が結集されなければなりません。ですから、われわれとしては、今後日本の方たちと一致協力して研究をしていきたいと考えております。また、このような現象についての研究は、当然、西欧世界や日本だけでなく、アフリカであれ、東南アジアであれ、メラネシアであれ、他の地域であれ、アメリカであれ、西欧と日本の人類学者たちが仕事をしている世界のさまざまな国において、協力して進めて行きたいものです。

（松本カヨ子訳）

著者を囲むシンポジウム

大橋保夫

レヴィ＝ストロースは理解されたか

レヴィ＝ストロースの名はわが国では、サルトル批判などでフランスの思想界に旋風を巻き起したというジャーナリズムの話題や、「構造主義」というラベルで知られるようになった。それ以来すでに一〇年あまりになる。しかしながら、その学問の意義がはたしてほんとうに理解されたと言えるだろうか。

レヴィ＝ストロースの理論は思いつきや無償の抽象論ではなく、具体的な民族学の基本的重要問題の解決を目ざす努力の中で成立したものである。哲学を捨てて経験科学である民族学に転じた出発点から考えても、それは当然であろう。

人類学でのレヴィ＝ストロースの具体的な業績の主要なものをあげるとすれば、親族組織、トーテミズム、神話の三つである。構造主義が有名になり、その名の下に行われた研究は数多いけれども、現在ふりかえって見ると、構造人類学に先行し理論的基礎と方法を提供した言語学を別にするならば、レヴィ＝ストロース自身の三つの研究ほど鮮かな、そして深い意義をもった成果はないように思われる。

最近、構造主義の原点とも言うべき『親族の基本構造』の苦心の翻訳が専門家たちの手によって完成した（馬淵東一・田島節夫監訳、番町書房）。原著刊行後二〇年に近い。その間に日本で出版された構造主義関係の書物の多さと、世界でのこの一冊の歴史的役割を比べると、うそのようなことである。いま述べたレヴィ＝ストロースの理論に限らず、わが国での学問の受け入れ方の一つの典型的な例なのであろう。いま述べたレヴィ＝ストロースの三つの業績は、いずれも民族学の昔からの難問ばかりで、高度の専門知識を必要とする領域である。同時に、その革新性を理解するには、民族学の枠を越えた、西欧の学問と思想についての広くて深い知識と、学問を基礎から考えなおす批判的精神、柔軟な思考力を欠かすことはできない。この条件を満たすのは容易なことではない。

『親族の基本構造』がレヴィ＝ストロースの出発点であるとすれば、『生のものと火にかけたもの』をはじめとする『神話論』の四部作は、その学問の総決算であると言って差しつかえない。この労作も遠からず日本語で読めるようになる見通しである。レヴィ＝ストロースの仕事の意義がわが国でほんとうに理解され、生産的に利用されるのは、むしろこれからのことであろう。

「労働の表象」研究計画

親族組織、トーテミズム、野生の思考、神話と並べてみると、それぞれが民族学の基本的な重要テーマであり、またそこに一貫した発展の道筋のあることがわかる。これらの問題に対するレヴィ＝ストロースの貢献の大きさを考えるとき、『神話論』を完成させたあと、大きなテーマとしてレヴィ＝ストロースが何と取り組むかは、誰しも関心をもつことであろう。

国際交流基金の招待で訪日することが決まったとき、レヴィ＝ストロースが希望したのは、農村・漁村や伝統産業で働く日本人とできるだけ多く対話をすることだった。そして実際に、今年で七〇歳になるというその年齢を忘れさせるほど精力的に、能登、金沢、五箇山（富山県）、飛騨、伊勢、京都、大和、隠岐などを回って、働く日本人の姿を見、また杜氏、刀鍛冶、陶工、宮大工、和菓子、漆器、染織などの職人に会って仕事についての考え方を尋ねた。

それは彼が主宰するコレージュ・ド・フランスの社会人類学研究室で計画されている「労働の表象」についての比較研究の準備であった。そのプランをきめるにあたり、どういうことが研究の対象となりうるか、どのような研究方法をとるべきか、自分としては日本で考えてみたいというのである。

日本語ができなければ日本社会の研究などできないことは言うまでもないし、六週間の滞在で結論めいたことを出せるはずもない。そのことを十分ことわった上で、彼は西洋と日本の労働観の違いが非常に大きいことを感じたと言う。伝統的技術――たとえば杜氏や刀鍛冶――が、そのいくつかの過程において、聖なる感情、宗教的感情を保持しており、労働を通じて神との接触が成り立ち、維持されていることに、何よりもまず驚いている。ユダヤ・キリスト教的視点からは、人間は神との接触を失ったがために、額に汗して自らのパンを稼がなければならなくなったのであって、労働とは一種の「罰」である。したがって、人生の中で真に重要な部分は労働の外にあるもの、すなわち余暇であるが、日本人にはその両者の断絶がなくて、たとえば、仕事が生きがいだというのは珍しくない。

以上は雑談の中に述べられたことの要約であるが、それを記したのは、レヴィ＝ストロースの研究が労働の「表象」を対象とすることを示すためである。

労働についての社会学的調査なら無数にあるし、文化人類学の分野でも分業と社会組織との関係や、生活の中での仕事の位置づけは基本的な調査項目である。レヴィ＝ストロースのグループの研究の新しい点は、働くということを、それぞれの社会の人間がどう考えているか、という理念面を考察対象とすることにある。人間や社会に対するわれわれの行動は、現実そのものによって直接きまるのではなくて、それについてわれわれがもつ「表象」(représentation) にもとづいて決定される。レヴィ＝ストロースがデュルケームに負うものを考えるとき、ここで「集団表象」を思い出すことは間違いではないだろう。

また彼の神話研究が「表象」の研究にほかならないことを考えれば、労働観の研究と『神話論』の連続性は明白である。事実この研究の着想は、前掲のレヴィ＝ストロースの発言にも述べられているように、古典学者ヴェルナンのギリシア神話研究から得られたものであるし、今後の研究の方法としても、神話は重要な手がかりを提供するはずである。

マルクシズム再考

このような研究が、マルクシズム経済理論の再検討を目ざすものだと言えば、奇異の感を抱く人があるかも知れない。労働の調査は言うまでもなく民族学の伝統的研究項目であるし、前掲のレヴィ＝ストロースの発言にも述べられているように、「経済人類学」が説かれるようになって重要さを増している。しかし、労働の外面的形態を観察したり、労働時間を測定して比較するときは、暗黙裏にその労働が等質であることを前提としているのである。そのように捉えた労働を一般化することがはたして正しいかという疑問がこの研究の出発点であるが、それは直ちに、マルクスが説いた商品価値の実体をなす「抽象的労働」の観念の検討にもつながる。さらに拡げて考えるならば、西欧社会を前提とした経済理論のエスノセントリズムの批判に至りうる。

記念碑的大作『神話論』に至るまで、レヴィ＝ストロースは自分の個人的研究に精力を注いできたが、それ以後はとくに共同研究に重点を移したように思われる。彼の研究室はまことに多士済々であって、学問の基礎から考え直そうという若い研究者が思想傾向のいかんを問わず集っていて、教条主義はまったくない。自由な雰囲気に満ちており、レヴィ＝ストロース批判や公開論争は始終のことである。名を知られた数人の名をあげておこう。サルトルと親しいプイヨンは古くからの重要なメンバーで、フランスの人類学界の機関誌的役割を果たしている『人間』(L'Homme)の編集長である。また『構造主義革命』の著者で、反コミュニストの立場から総選挙に立候補して日本の新聞にまで話題となった「新しい哲学者」の一人ジャン＝マリ・ブノア、農村研究グループの指導者キヴァなどがいるが、「労働の表象」の研究計画を中心になって推進しているのは、気鋭の経済人類学者モーリス・ゴドリエである。

ゴドリエの名はわが国でもアジア的生産様式論争や、『レ・タン・モデルヌ』の構造主義特集号の論文「資本論における体系、構造、矛盾」(『構造主義とは何か』、みすず書房)、『ディオゲネス』の九号(河出書房)に出た「部族の概念」などで前から知られているが、労働の研究に対する彼の思想的立場は『人類学の地平と針路』(山内昶訳、紀伊国屋書店)を読むとわかる。(このタイトルの原文では「地平」は単数であり、それはマルクシズムを意味する。しかしそれに至る「針路」trajets、すなわち「道筋」——は複数である。)

この本の中でゴドリエがレヴィ＝ストロースに反対しているのでもわかるように、二人の立場を混同してはならない。最大の相違点は歴史観であって、レヴィ＝ストロースは絶対に否定できぬ偶然性を歴史の本質と考えて、マルクシズム的歴史観を批判する。

しかしこの二人の共通の関心は、下部構造の問題を人類学に導入して、一方で伝統的な民族学の上部構造研究を見なおすと同時に、他方ではその成果によって経済理論を人類学の展望の中に置き、それを相対化することによって一段高次の一般性を見出すことであろう。

なおこの研究の端緒を与えたヴェルナンは堅実でかつ尖鋭な古典学者であり、現在コレージュ・ド・フランスの教授を務める斯界の第一人者で、日本でも『ギリシャ思想の起原』や『プロメテウスとオイディプス』（いずれも吉田敦彦訳、みすず書房）によって知られているが、かつては『パンセ』の寄稿者であったし、いまも主な著作はマスペロ書店から出版していることでもわかるように進歩的思想の持主であって、その論文のかなりのものには、マルクシズム用語が多くキーワードとして用いられている。読解のために知られてよいことであると思う。

シンポジウム

レヴィ＝ストロースは働く日本人を観察し、その話を聞くと同時に、日本の学者ともこの問題について意見を交換した。昨年一〇月二〇日には、まだ開館前だった大阪の国立民族学博物館を訪問して梅棹忠夫館長をはじめ同博物館に勤務する研究者と会談したが、その時も話題は労働観の問題に集中した。

一一月一四日には京都の国際会議場で、国際交流基金と京都大学との共催で「日本社会における労働と職業の表象」というテーマでシンポジウムを行なった。彼自身の方からとくに希望が出て持つことになった催しである。

本人がまだ何を研究対象にするかを模索中の段階であるし、もちろんこの問題について今までに書いたものは発表されていないので、非常に自由な意見交換の場とするため、シンポジウムは少数の専門家だけをオブザーバーに招いて非公開で行なった。

発言者はフランス側がレヴィ＝ストロースのほか国際交流基金のフェローとして日本で研究中のジャーヌ・コビ、ジャクラン・プルス、日本側が池田義祐（社会学）、上田正昭（日本史）、阪倉篤義（国語学）、作田啓一（社会学）、谷泰（社会人類学）、米山俊直（文化人類学）、吉田光邦（科学技術史）の諸氏と、企画・司会を担当した大橋保夫の八名、いずれも京都大学である。

シンポジウムの冒頭にレヴィ＝ストロースがこの研究計画全体の説明を行なった。その全文は別項に掲載してある。そのほか、研究推進の中心になっているゴドリエの考えているプランをレヴィ＝ストロースの指示によってジャーヌ・コビがまとめたメモを配布した。

以下、シンポジウムでの発言の要約に、民族学博物館での話し合いのとき出された意見や、ゴドリエのメモの内容をまじえて紹介する。

日本語の「労働」にあたるフランス語は travail であるが、シンポジウムで使われた範囲だけに限っても、いつでもこれを「労働」と訳してすますわけにはゆかない。ときには「仕事」と訳さなければならないし、「労苦」とする必要のある場合もある。それにフランスだったら学生が勉強するのも travail である。二〇年ほど前のことだが、フランスの全学連 UNEF が「学生に対して国家は給与を払え」という運動を起こしたことがあった。学生は労働者と同じように travail をしているではないか、というのである。驚くべきことにその案は下院で可決された。さすがに上院でストップして結局は廃案になったが、「労働」と「勉強」とがはっきり別のものになっている日本では考えられないことである。

フランス語の travail はもともと拷問具を意味する俗ラテンの単語から来ている。古い使い方では「苦痛、辛労」であって、とくに「産みの苦しみ」を指すこともある。これらの使い方は英語にもはいっている。現在は「労働」、「仕事」、「勉強」という範囲をカバーするが、やはりそれはすべて「つらいこと」なのである。だから、多くの場合この三語のどれかでピッタリ訳せるとしても、必ずしもコノテーションは同じではない。レヴィ＝ストロースも言っているように、この種の研究には、語彙論的、意味論的分析が先行しなければならないが、このような違いにまず注目することが必要なのである。

阪倉篤義氏は「はたらく」と同じ意義分野にはいる動詞として「つとむ」、「かせぐ」、「いそしむ」などをあげた。「はたらく」はもともと、動きまわってその果てに疲れること、「かせぐ」も激しく動くことで、いずれもやはり「つらいこと」につながる意味をもつが、「いそしむ」は積極的に働くことである。そして、激しく労働することについては形容詞の「いたはし」が使われ、それが漢字の「労」にあたる、と説明した。

吉田光邦氏は紀元前四世紀頃の中国の概念規定を説明した。「労」は奴僕などの働くことに使う。もっと高い位置を与えられる仕事については、「知者創物、巧者述之、守之」という言い方がある。巧者はクラフトマンであり、「述」は「伝承する、つないでゆく」を意味する。知者の創ったものを伝え、守ってゆくのである。「役」は割り当てられた仕事である。中国ではこれらの語ははっきり区別して使われた。

これに対してレヴィ＝ストロースから出された質問の二、三を、分析法の例としてあげておこう。

「中国の場合、農業労働はどう位置づけられていたか。つまりどの字で表されたか。」（労レ田という言い方があり、〃労〃である――吉田氏。）

「日本語で、主婦の家事労働と、余暇に行う刺繡などの仕事とに、ひとしく〃働く〃が使えるか。刺繡を職業としてやっている場合には〃働く〃になるか。」

「〃いそしむ〃が使えるかどうかは、仕事そのものの性質によってきまるか、それとも主体の側の態度か。」

そのほか吉田氏から「伝統的には、家業に従事するのは〃働く〃になる」、谷泰氏から「女性の場合、第三者を想定してそのための仕事を言うときは、〃かいがいしく働く〃のように、とくに〃働く〃がよく使われる」など、おもしろいコメントがあった。

阪倉氏のはじめの発言は、むしろ原義によるコノテーションの説明であったが、日本の農村の研究をしているジャーヌ・コビ氏は、レヴィ＝ストロースのグループのこの計画のために、現代日本語の労働・仕事に関する語彙の共時的意味分析をほぼ完成したという。地味な仕事であるけれども、あらゆる調査に先立って必要な基礎作業である。現在の国語辞典の記述では、この種の研究にはまったく不十分である。

また、たとえば「労働」という語をとってみても、labour に対応する経済学的意味をもって使われるようになったのは新しいことであり、語彙の歴史的研究は不可欠である。

米山俊直氏は、民族学博物館での集まりで、そのほかに「紺屋のあさって」、「医者の不養生」のような、職業や労働に関する諺がいろいろな手がかりを提供しうることを述べた。

職業と神話

上田正昭氏は、日本神話には、鍛冶の神、鏡作りの神、玉作りの神のように、神々の分業体系があること、そして司祭や軍事の神は支配者側に多く、農耕の神や海の神・山の神は被支配者側に多いことを話した。そして、「専門化した神々が、神話の中で、それぞれの技術や職業の創始者と考えられているのか、それとも分業化した社会の方が先にあって、神話の中でそれらの職業に神が与えられるのか」というレヴィ＝ストロースの問に「天岩戸神話の石凝姥命《いしこりどめ》、玉作りの神のような第一の型も、あとで海神《わだつみ》を職業神にした漁民集団、安曇《あずみ》の連《むらじ》の例のような第二の型も、どちらも存在する」と答えた。さらに吉田光邦氏が、聖徳太子と鍛冶屋・大工などのように、ヨーロッパの守護聖人にあたる型もあると付け加えた。

レヴィ＝ストロースは次に、神々の分業体系の中で職業が階層化しているか否かを尋ねた。それに対して上田氏は「日本神話では、天つ神（皇室にゆかりのある神）、国つ神（土着の氏族・部族の神）、その他八百万《やおよろず》の神（自然神など）、という格づけになっていて、それぞれに神々の分業があり、たとえば農業の神は天つ神の中にも国つ神の中にもある。軍《いくさ》の神についても同じである。職業によるランクがあっても、それは神々を三種類にわける格づけの中においてである」と説明した。

何のために働くか

労働・仕事の理念体系を比較するこの研究では、「働く」ということにそれぞれの社会が与えている意味の考察は中心的テーマである。レヴィ＝ストロースが説明した現代西欧社会の「商品としての労働」、ユダヤ＝キリスト教的伝統の「罰としての労働」に対して、作田啓一氏は、日本の場合「商品としての労働」という見方は日が浅く、伝統的には「使命としての労働」という考え方があることを指摘した。具体的に言えば、日本人は一つには祖先の財産を減らさずに子孫に伝えるために働く。一つには労働を通じて集団に参加するために働く。このように、集団との関係で労働が意味をもつのである。

作田氏は、労働による集団への参加の考え方が現在でも生きていることを説明するために、自分で調査した姫路の山陽特殊鋼の例をあげた。この会社の労働者には付近の農民が多い。都市近郊の農民は土地を売ったりして裕福であり、経済的には多くは工場で働く必要はないのである。それにもかかわらず工場へ出るのは、山陽特殊鋼は姫路市では重要企業であって、そこで働くことが地域社会、集団への参加という意味をもつからである。

働くことの意味という問題は、国立民族学博物館を訪れたときも、もっともレヴィ＝ストロースの関心を呼んだ話題である。梅棹忠夫氏、米山俊直氏、谷泰氏、石毛直道氏などが、日本では労働を売るという観念はなじみがうすく、むしろ仕事・労働と人間形成とを結びつけて考えることを、大工の社会やお手伝いなどの例をあげて詳しく説明し、その精神が近代的な大会社にも生きていることを述べた。この話はレヴィ＝ストロースには大変おもしろかったらしく、それが日本人の伝統的な労働観であるならば、日本の経済的発展に西洋は絶対にたちうちできないだろうと応じて、皆を笑わせた。

こういう話が出ると、商品としての労働という考え方、労働の対価としての報酬という考え方が、日本でいつ頃からあるかが問題になる。阪倉篤義氏は、日本では一方で「つとめ」としての仕事、奉仕としての労働、という考え方があると同時に、労働に報酬を結びつける考え方もかなり古くからあることを指摘した。中世の「職人尽絵合《づくしえあわせ》」の詞書《ことば》の中にすでに「これだけの仕事をしたのに報酬が少なすぎる」というようなことが書かれているという。

池田義祐氏は、フランス語の travail の主な訳語として考えられる「労働」と「仕事」との区別を取り上げ、「自分の役割に応じて当然しなければならないと考えられることは〝仕事〟で〝労働〟にはならない。現代の使い方では〝労働〟というときは本来それを売るという考えを伴っている。たとえば客をもてなすのは主婦の〝仕事〟ではあっても〝労働〟とは言わない」と述べた。

これと関連する項目として、仕事、職業に対する社会的評価、価値観の問題がある。

池田義祐氏は、一九五二年に日本社会学会が行なった調査にもとづいて、日本社会における労働の価値観の基準を説明した。さまざまな職業、仕事に対する評価、格づけが、何によってきめられるのかを調べたものである。結果を重要さの順にあげれば、第一はその職業に対する社会的尊敬、第二は収入、第三はその仕事に必要な教育程度、第四はその仕事の社会的必要度、となっている。

谷泰氏は、語彙論的方法によってそれぞれの職業に与えられている評価を取り出すことを提案した。たとえば、大工の棟梁として「身を立てる」とは言うが、焼芋屋として「身を立てる」とは言わない。逆に焼芋を売って「口に糊する」とは言っても、棟梁をして「口に糊する」とは言わない。このような研究を組織的にやれば、価値観を基準にする職業の分類ができるはずである。阪倉篤義氏はそれに利用できる資料として『分類語彙表』をあげた。

人間、材料、神、道具

はじめの話に引用されたマエンゲ族の場合には、人間と土地と神の三者の間に互酬性が成り立ち、それによって生産が可能になる。すなわち、人間が大地に与える耕作の努力に対して、大地は人間に農作物を与える。ただし作物は神の助力がなければ生長しない。そこで人間は神に捧げ物をし、神は人間に援助を与えるのである。人間、土地、神の三者は、いずれも何かを与えて何かを得る。人間の農耕によって破られた均衡はこうして回復する。

日本ではものを作る過程に、このように人間と材料以外の要素、たとえば超自然的存在（神）の関与を考えることはないか、というレヴィ＝ストロースの問に、吉田光邦氏は、日本ではそのほかに道具を加えて考えるべきであるという。かつては、新しい道具を使い始めるときは、それに日付を書き入れた。これは道具の出生である。また今は少なくなったが、昔は新年には道具にも祝いの儀礼をする習慣があったし、針供養のような行事もある。道具は擬人化されて、生産に重要な役割を果たす独立の存在とみなされているのである。

道具について吉田氏はさらに、加工する道具と型を伝える道具の別があることを説く。加工するための道具は個人に属し、「誰々の道具」と呼べるが、型を伝える道具は家に属する。たとえば漆器の製造についていえば、刷毛は個人のものであるが、棗の型をきめるスケールは「誰々の道具」にはならず、家に属するものとして重要視される。

伝統産業、その他

伏見の酒蔵で杜氏と話したときも、宮大工に会ったときも、輪島で漆器製造を見たときも、後継者の養成がどのように行われるかをレヴィ＝ストロースはとくに知りたがった。商品としての労働、抽象的労働に一様化された場合は、伝統産業の維持が困難になるのは目に見えているし、それはヨーロッパでは現実になっている。しかし彼の関心が単に無形文化財的な伝統産業の保存策そのものでないことは言うまでもない。伝統産業を可能にしている社会組織、それを支える労働の理念の体系、さらにそれが現代社会の変容の中でどうなっているかが問題なのである。

ヨーロッパ人が日本へ来て驚くのは、まず第一に人間の多さ、人口密度の高さであるけれども、それを単に労働力一般として見てしまってはいけないのであって、その中にどのような単位があって、それがどのようにうまく機能しているかを見なければならないとレヴィ＝ストロースは言う。そのような単位の維持に日本の独自性を見ようとする彼にとって、伝統産業に携わる人びとの仕事についての考え方はもっともよい手がかりなのである。

そのほかシンポジウムでは取り上げる時間がなかったが、メモにあげられている調査項目の中のいくつかを参考のために掲げておこう。

工業化にともない工場労働者となった農民の意識、逆に帰農した工場労働者の意識。（一九世紀の英国を念頭におくべきなのであろう。）

都市／農村という対立が、社会的階級、行動規範にどのような影をおとすか。

技術の起源を説明する神話、民話、伝承の分析。

伝統的職業の仕事の過程、技術の表象のしかた——材料の変容の各段階の名称、動作の種類分け、重要な操作のタイミングのつかみ方や名称。（これは近時注目されているエスノサイエンスの研究につながる。）

生産的労働と非生産的労働の区別。

社会的に正当化される仕事と正当化されぬ仕事の区別。

中世のギルドにあったような「マスター・ピース」の考え方の有無。

職業と特定の性格との結びつき。（機織が上手なのは模範的な妻のしるしと考える社会もあれば、淫蕩のしるしと考える社会もある。焼きもの作りの技術が焼きもちやきの性格に結びつけられる例もある、など。）

職業に対する偏見。

男女の分業——仕事の社会的格づけとの関係。

〃イデオロギー〃の究明へ

右に記した研究内容はまことに多岐にわたり、雑多にさえ見える。しかしレヴィ＝ストロースを読みなれた人なら、そのような対象こそ、彼が本領を発揮するところであることを知っている。本人のことばを聞こう。

「ある社会での労働の表象、仕事の理念は、その社会の他のすべての事象とおそらく関係があるだろうと考えられます。……労働は切り離されたものではなく、マルセル・モースのいう総体的社会事象にかかわるものです。私はここでもまた、これらさまざまな面のすべてに不変の関係があると考えます。つまり、社会によって労働の観念に相違があれば、農耕技術にも、食物の分配規則にも、狩猟や農耕の収穫物の聖俗両面での使い方にも、同種の相違が見られるでしょう。」(本書一一九頁)

不変の関係はすなわち構造である。労働の表象の研究は『神話論』に直結している。

この文章ではわざと今まで避けてきたのだが、労働の表象の研究についてはレヴィ＝ストロースもゴドリエもさかんに〃イデオロギー〃という語を使う。日本でふつうに使うように表面的な政治思想に限るのではなく、より深いレベルの基本的理念体系を指す。

ゴドリエは『野生の思考』、『神話論』と先年日本にも来たムラの『インカ帝国の経済』に触発されて、イデオロギーなるものそれ自体を考えなおそうとする。前述のごとく、レヴィ＝ストロースの研究室には表面的意味のイデオロギーで言うならまったく相容れない人たちが集っているが、それは何ものにもこだわらず根本から再検討する雰囲気が確立しているからである。『野生の思考』にはじまるこのようなイデオロギーの相対化、西欧エスノセントリズムからの脱却は若いゼネレーションについて言われるイデオロギー離れとはまったく別物である。またこのような批判を反動だと言うなら、それは思想の堕落以外の何ものでもない。

野生の思考やアメリカ・インディアンの神話やマエンゲ族の労働観の研究がなぜイデオロギーの反省につながるのかといぶかる人もあるだろうが、ここではそれが人類学的思考なのだと言うにとどめよう。

労働の表象の研究はまだ模索の段階であるから、シンポジウムにははじめから結論があるはずもない。しかし、このような研究が非常に有意義であることは誰にもわかったと思うし、レヴィ＝ストロースにとっても収穫は多大であったに違いない。

この研究には、いろいろな国の広汎な分野の人びとの協力が必要である。レヴィ＝ストロースは優秀な日本の研究者の積極的参加を期待している。

未開と文明

一九七七・一一・一八
東京・NHK

日本への関心

大橋　先生は日本においでになってから、ずいぶん精力的に、大工だとか、杜氏《とうじ》だとか、刀鍛冶だとか、陶工だとか、和菓子屋さんとか、いろんな職業の人びとにお会いになっておられますが、とくにどういう点に興味をおもちですか。またどういう点が日本の特色だとお感じでしょうか。

レヴィ＝ストロース　六週間の滞在の終わりならともかく、来日早々の今、お答えするのはむずかしいですね。ただ申し上げられるのは、これまでのあらゆる機会、あらゆる経験はどれも胸おどらせるようなものばかりで、私の来日目的を完全に叶《かな》えているということです。その目的は三つあります。

西欧が日本の芸術を知って以来――それはフランスではわずか一八世紀以降なのですが――私たちはいつも、たんにその美しさだけでなく、仕事の完璧さ、完成度に感嘆してきました。その完璧さは私たちにはまったく比類ないものにみえますし、それは現在も、日本のカメラ類、電子機器などに受け継がれています。

私の第一の望みは、その完璧さを理解すること――といってはあまりにも望みが高すぎますが、ほんの少しばかり、その背後にあるものをみて、どうしてこのような完璧さに達しうるのかを知ることです。職人の人たちに会ってみて、この完璧な仕事の基礎となっているものの考え方と技術とを少しは理解できたのは、たいへん幸せでした。

つぎに、第二の理由もこれと関連しているのですけれども、その是非はともかく、血のつながり、住居や地域的つながり、仕事や職業上のつながりのあいだのバランスについての考え方が、日本と西欧とでは違うように感じます。日本語にはその三種のつながりを示す言葉まであるそうですね。たしか、「血縁、地縁、社縁」*でしたね。さて西欧人にとって、また、民族学者、社会学者としての私にとって、西欧社会とは非常に異なる日本の社会で、この三種類のつながりのあいだに生ずる矛盾葛藤がどのように解決されているかを知るのは、たいへん重要なことなのです。

第三の理由はおそらくもっとも広く深いもので、私だけの問題ではないのですが、それは日本が過去をすっかり壊したりご破算にしたりしないで工業社会に移りえたように思える点です。フラン

* 「社縁」については米山俊直『集団の生態』日本放送出版協会刊、一九六六年、参照。

スでは工業化の時代に移行するために大革命やそのほかいくつもの革命を経てきたのですが、日本では維新一回ですみました。つまり、残骸の山を築くというたいへんな経験をしないで、自国の源泉、自国の深層構造との接触を取りもどすという形、〈王政復古〉で近代化を実現したわけです。これは西欧の人間にとって注目すべき重要なことです。

複雑な社会の研究へ

大橋　先生は今までに、親族構造、トーテミズムという人類学の大問題の解明をされ、つぎには神話について記念碑的な大きな仕事をなさいましたが、それらはいずれも、いわゆる「未開社会」の研究を基礎にしたものでした。今おうかがいしたところによると、これからはもっと複雑な文化、複雑な社会の問題の研究をめざされるおつもりですか。

レヴィ＝ストロース　それは民族学者には当然の過程です。民族学者たちは「特権的ケース」とでもいうべきもの、すなわちとくに研究に好都合なケースによって観察方法を完成させてきました。つまり、観察者の社会からできるだけ遠いだけでなく、非常に小さく単純な社会を対象としていたのです。けれども、それは歴史的な理由からでした。研究方法がほぼ完成した現在、それをずっと複雑な社会に適用しようと試みるのは当然です。

もっとも、私たち民族学者にできるのはごくささやかなことですから、謙虚にやらなければなりませんけれどもね。

それからとくに、いわゆる「未開民族」がすっかりいなくなりかけているので、ほかの研究対象をみつけねばならぬという理由もあります。この方向転換の一例をあげますと、パリの私の研究所では、まず南米やアフリカやメラネシアで仕事をしている所員たちがいます。でもそれらの社会の「未開」の度合はさまざまに異なっておりますし、アフリカの大きな社会には、どんな意味ででも「未開」という用語はあてはまりません。一方で、別に大きなグループがあって、そちらは七年前からフランスでブルゴーニュ地方の一村落を研究しています。もちろん民族学者になにもかもできるというつもりではありませんので、歴史家や経済学者の研究を補ってゆくつもりなのですけれども、ほかの研究法では得られない新しい見方、独特の事実を見出すにいたっています。民族学者が研究対象を、ある一つの型の社会だけ、あるいはいくつかの少数の社会だけに限らなければならぬ理由は何もありません。

大橋　そういう傾向は日本にもあって、民族学者がヨーロッパやアメリカの研究をしたりしているのですけれども、先生がそういう方向をめざされるときに、まず日本に関心をおもちになったのは、私たちにはたいへん興味のあることです。

レヴィ＝ストロース　いや、日本の研究に私が学問的貢献をなしうるなどというつもりはありません。まず必要な知識である日本語ができませんし、日本についての基礎的な勉強もしていませんから。でも、見物人としてほんのわずか日本の現実を見ただけでも、日本の民族学者とフランスの民族学者とが協力しあえるテーマがいくつもあるようですね。

労働観の研究

大橋　日本人の仕事のしかたとか、労働観をお調べになって、フランスとか、そのほか先生がご存知の他の民族とくらべて、なにか違うと思われる点がありますか。

レヴィ＝ストロース　私が今までに見てわかったのは、日本の伝統的技術のいくらかのものが、そのある過程について聖なる感情というか、ほとんど宗教的な感情を保持していることです。ご一緒に見た杜氏もそうですし、刀鍛冶もそうでした。西欧の人間にとってこれはまったく驚きの種であり、示唆に富んでいます。労働の考え方がまったく違うのです。ユダヤ・キリスト教的視点からみると、労働とは人間が神との接触を失ったために額に汗して自らのパンを稼がねばならぬという一種の「罰」なのです。ところが日本では逆に、労働を通じて神との接触が成り立ち、維持され、保ちつづけられるのですね。

大橋　近年は日本の経済的発展が関心を呼んでいます。昔は簡単に低賃金労働のためだ、というようなことでかたづけていたのですけれども、現在は外国の人の見方も少し変ってきたようです。先生が日本人の労働を観察しておられて、労働の組織とか経済構造の基礎に、人類学的見地からみて、なにか違ったものがあるとお考えになりますか。

レヴィ＝ストロース　その質問にお答えするのは、日本に来てまもない私にはたいへん難しいのですが、自分の経験によってではなくて、日本について今までに本で読み、私がこちらへ来てから少しずつ確かめはじめていることをもとにして申しますと、日本では人が自分の仕事、自分の働く企業への忠誠心をもっていますし、西欧のような働くということに対する潜在的敵意がまったくないように思えます。西欧では、パンを稼がねばならないから働くのであり、人生のなかで真に重要な部分は労働の外のもの、すなわち余暇であると考えます。日本ではこういう溝はない、こういうきびしい断絶はないという印象を受けました。

でも、こんなことを言うのは早すぎます。お尋ねの問いに答えるには、何年も時間をかけないといけませんね。

大橋　この種の研究を組織的にやる計画をおもちですか。

レヴィ＝ストロース　ええ、私の研究室では大規模な研究プログラムを完成しかけているところです。それは、世界中のいろいろの民族における労働の理念、あるいは労働観とでもいえるものについての研究です。当然、すでに民族学者たちが研究した民族あるいは研究しなれている民族から始めるのですが、たいへん驚いたことには、言語によっては、フランス語の travail や、こまかなニュアンスはよくわかりませんが、日本語の「労働」にあたる単語さえないのです。現代の西欧流の考えでは、自然は人間の働きかけに対して完全に受け身であり、手の加わっていない材料、素材にすぎず、人間が仕事によってすべてを導きいれるのだとします。ところがそういう考え方は、たとえば古代ギリシアにはありません。そこでは、作られた物の形は、素材のなかにすでに潜在的な状態で存在していたのであって、人間の役割は、すでにきまっていたものを単に現実化するだけでした。また、メラネシアのある部族について私の若い同僚が研究したところによると、彼らの言語には「労働」にあたる語がなく、「苦労」または「努力」を意味する語しかありません。「働く」というのは「苦労と努力を自然に捧げる」ことであり、そのかわり、自然が大地の産物を返してくれる。その産物を神々への供物にすると、神々が自然の営みを豊かにしてくれるというわけです。「働く」ということをめぐる、こういう考え方の全体が、西欧社会でみられるものとまったく異なっています。

考えてみますと、何年もまえから、いやむしろ民族学が始まってからずっと、親族関係、宗教、神話、民話、物質的生活の技術などについてはおおいに研究が行われてきました。しかし、人間の生活は労働に依存しているのですから、労働は非常に大きい役割を果たしているのに、「労働とは何か」とか、「人間の労働をどのように考えているか」については、あまり問題にされていないのです。

大橋　よくわかりました。たしかに「労働」は、民族学に残されている最大のテーマかもしれませんね。

レヴィ＝ストロース　そうなんです。それにこのテーマは若い世代の民族学者たちを喜ばせていますよ。ヨーロッパでは民族学をやる若い人たちはマルクス主義的傾向がとても強いんです。だからいわゆる上部構造の研究ばかりではなくて、下部構造の方もやりたいのです。これでやっと下部構造の研究にも手がつけられるのですから。

大橋　そういうご計画でしたら、日本はなかなか面白い研究対象になりますでしょうね。

レヴィ＝ストロース　いや、私自身が日本を例にとることはできませんね。でも、私が日本へ来たことで日本の民族学者の方がたがこういう問題に興味をもって下さるようでしたら、共同研究を考えたいと思います。それも対象地域は日本に限りません。日本の民族学者たちは、日本だけでなく世界各地で活躍しておられますから。

構造とは何か

大橋　話題をかえて、おそらく誰もがもっとも関心をもっている、人類学についての先生のお考えを少しおうかがいしたいと思います。

先生の理論の基礎には近代言語学があり、その思想が学問全体に対してもつ意味を洞察して、人間科学に新しい理論的基礎と方法を与えられたのだと思います。言語を研究対象にしている私などにとっては、先生のお考えはわかりやすいところがあるのですけれども、一般にはむずかしいというのが定評ですし、事実、フランスでも日本でも、誤解は少なくありません。限られた時間にスケールの大きな理論についてなにもかも話していただくわけには参りませんので、基本的な二、三の点について、ご説明をお願いいします。

先生は「構造人類学」の創始者であり、そのあとに適用範囲を拡大して大きな反響を呼んだ「構造主義」と先生のお名前とは、日本では切り離せません。思想の新しさに対して、「構造」という用語のほうは昔から使われているものですから、どうしてもそちらに引かれて、「構造」という用語ないし考え方が使ってあれば、なんでも同じに考えてしまうという、素朴な間違いもないわけではありません。

たとえばイギリス系の機能主義のマリノフスキーやラドクリフ＝ブラウンとか、フォーテスでも「構造」という用語を使いますし、さきほどお話に出たように、マルクシズムでも「構造」というわけです。まずその概念の違いを明らかにしませんと、先生の考え方はわかりにくいと思いますので、先生ご自身に「構造」の定義をお願いいいたします。

レヴィ＝ストロース　では二とおりの方法で説明することにしましょう。まず、辞典のように定義してみますが、それはひどく抽象的で、わかりにくいと思います。そのつぎに例を一つひいて説明しましょう。

さて、「構造」（structure）の定義が求められたとすれば——アカデミー・フランセーズの辞典はいまEの字のところまでしかすすんでいませんし、Sの字に達するころには私は死んでしまっているでしょうし、私の後継者もそのまた後継者も死んでしまっているでしょう。だから、辞典による定義を求められると困るのですが*——このようにでも申しましょうか。「構造とは、変換を行なっても不変の属性を示す諸要素と、その諸要素間の関係の総体である」と。

でもこれではなんのことやらわからないでしょうから、つづいて、具体的な例をあげましょう。世のなかには観察して記述するのが非常に困難なものごとがあります。記述しようとすれば、信じがたいほど複雑な多数の変化要素を考慮に入れなければなりません。

すぐ思いつく最良の例として人間の顔をあげることができるでしょう。プルーストはゲルマント公爵夫人の美しさとか、ヴェルデュラン夫人のおおげさな表情を説明するのに一〇ページ、二〇ページ、三〇ページもの描写をしたのですが、これらの人物のモデルになった人たちの写真を見ると、

＊　レヴィ＝ストロースはアカデミー・フランセーズの会員であるが、アカデミーの任務である標準フランス語辞典の作成の仕事が遅々としてはかどらないのは有名になっている。

「これはぜんぜん違うじゃないか、こんなふうだとは想像できなかったな」と思うものです。実際、人の顔の描写に五〇ページ費してあるのを読んでも、結局のところ、視覚的にその顔を思い浮かべることはできないものです。ここまでの話には同意していただけますか。

大橋　けっこうです。

レヴィ＝ストロース　ところが一六世紀のドイツの画家デューラーが発見したところによりますと、一つの顔の描写は複雑すぎて不可能であるとしても、二つの顔の関係はごく簡単であって、変換の技法によって容易にポールの横顔をピエールの横顔に変えることができるのです。座標空間に横顔を一つ描き、それに碁盤目《ごばんめ》の線を入れます。そして碁盤目の間隔や線の傾斜をごくわずか変えると、まったく別人の顔になってしまうというわけです。（四〇頁の図および表見返し参照）

このように、対象がいくつもあって、それぞれは非常に複雑でむずかしく、認識できないように思えても、少なくともそれら相互間の関係なら理解できるといえる場合があるのです。人間科学はまさにそのような状況にあります。私たちのとりくんでいる現象はとても複雑で、どこをつかまえたらよいのかわからないほどです。それに、どこから手をつけても、つねに大部分は抜け落ちてしまいます。そういうわけで、構造主義的アプローチでは、事物の記述のかわりに、その事物間の関係を研究しようとするのです。事物そのものより、事物間の関係の方がはるかに簡単ですから。こういう説明でよろしいでしょうか。

大橋　物理的・生理的現象としては複雑な音声を、言語学的に把握しようとした音韻論が到達した理論と同じ考え方ですが、そのような、定義された「構造」の概念は、人類学の分野ではどういう対象に対して有効でしょうか。

レヴィ＝ストロース　民族学者たちがフィールドで収集した莫大な量の観察結果に、私がこの方法を適用して整理を試みた最初の仕事は、ご存知だと思いますが、親族と婚姻規則の問題です。まず当時の状況を説明しましょう。

世界の諸民族にいろいろな婚姻規則があり、誰とは結婚できるが誰とは結婚できないと定めているのですが、その規則はときとして非常に複雑です。またそれだけでなく、まったく気まぐれで決められているようにみえるのです。ある社会では「母の兄弟の娘と結婚せよ」といいます。別の社会、しかもときとしてはそれが隣の社会であったりするのですが、そこでは「それはとんでもないことだ。母の兄弟の娘と結婚するのは近親相姦ではないか。そんなことをすれば災難が起こる。父の姉妹の娘を妻とせよ」という。そういうことになるのはなぜなのでしょう。またさらに複雑な場合もあって、「結婚相手は父の父の姉妹の息子の娘でなければならぬ」とか、「母の母の兄弟の息子の娘でなければならぬ」とか、要するにまったく無意味にみえる規則があります。こういうことを説明するために、民族学者たちの伝統的なやり方では、それぞれの社会について別々に説明をつけようとしたのです。その説明たるや、互いにみな異なるものでした。

ところが、構造主義的アプローチでは逆に「この全体に共通なのは何か」と問います。するとどの規則も結局のところ、つぎの点で共通しています。「近すぎて、生物学的に自分と同一集団であるか、もしくは社会がそうみなす集団に属する女は妻にしてはならない。生物学的に自分とは異なる集団の女を妻に迎え、直接もしくは間接的に、その集団に自分のところの女を妻として与えよ」。すなわち、規則は交換関係におきかえられるのです。そして交換関係という現実に気づくと、婚姻規則なるものはみな、それぞれ一つの交換形式であることがわかります。

たとえば、AとBの二半族に分割される単純な社会では、A半族の男はB半族の女を、B半族の男はA半族の女を妻にすることになります。この原理から、民族学の用語で「双側的交叉イトコ婚」と呼ぶ婚姻の形式が生まれます。交換が直接でなく間接的に行われる社会があります。たとえば、「集団Aは集団Bに女を与え、集団Bは集団Cに、集団Cは……と続けて集団Nまでゆく。そして集団Nは最初の集団Aに女を与える」というのです。この交換関係をみてすぐに気づくことは、配偶者として好まれるのは、つねに母の兄弟の娘（母方交叉イトコ）であるという点です。さらに別の社会では「自分のところがある世代で集団Bの女を妻にしたら、つぎの世代では集団Cに娘を与えねばならない。そうすると集団Cはつぎの世代には……」と考えます。これは父の姉妹の娘（父方交叉イトコ）との結婚になります。

このように、個々の事象そのものを考察するかわりに、事象間の関係を考察することによって、あらゆる科学的説明がめざしているものを引きだすことができるのです。人間科学のなかでは構造主義が新しいもののようにみえますが、じつは科学とはつねに構造主義的なものだったのです。私たちは先進科学から方法を借用しただけのことです。

こういうふうにして単純化ができますが、この単純化はそれ自体が科学的説明の価値をもつ単純化なのです。ここで、私にとってはたいへん印象的で、またよくことがわかる逸話《いつわ》を述べましょう。

一九四四年から四七年にかけて、ニューヨークで『親族の基本構造』を執筆していたときのことです。さっきの例のような場合なら、紙と鉛筆だけで説明ができるのですが、そうはゆかぬ非常に複雑ないくつかの婚姻規則にぶつかりました。そこで、数学の方法を借用できないかと思って、そのころ私と同じように合衆国に避難していた高齢の著名なフランス人数学者に尋ねてみたのです。その数学者は私の提出した問題を考えて言いました。「私は何もしてあげられません。数学には加減乗除の四操作しかできないのに、結婚はそのどれにもあてはまらないからです。数学的意味で結婚がどういうものであるのか、私にはわかりません」。

そういわれても、私は数学から何か得られそうな気がしていましたので、あの著名なブルバキ一派の若いフランス人数学者に尋ねてみたのです。そうすると、ただちにこういう答えが返ってきました。「結婚が何かという問題には私は少しも興味がありません。しかし、結婚に恒常的関係があるかどうか、ある世代のある公式による結婚が、つぎの世代の別の公式による結婚を規則正しく導きだすものかどうかは、興味深い問題です」と。そして私の問題にじつに鮮やかな解答を出してくれました。* 親族問題に数学を適用したのはこれが最初だったと思います。そのあとにはたくさん研究がでましたが。

さて、これが典型的な例です。結婚という問題を前にしたとき、「結婚とはなんぞや」と考えて頭を悩ませたり無数の定義を並べたりするかわりに、「一定の体系のなかでの結婚の恒常的関係は何か」と問うわけです。

大橋　親族関係の問題はたいへん明瞭で、構造主義的方法の有効性をわからせるよい例ですが、それは文化の問題であっても、単位になる要素が自然の段階で離散的で、また要素間の関係も自然の段階で明瞭に規定される部分が大きいということがあります。

先生はつぎに、「トーテミズム」という長年民族学者を迷わせてきた謎の問題を解決して、構造主義的方法の威力の典型ともいうべき鮮やかな成果をあげられ、つづいて神話と取り組まれましたが、神話となると、それは意味生成の世界であって、親族関係やトーテミズムのように制度化されず、要素もその間の関係も確定することが難しく、複雑な問題になってきます。それだけに魅力のある対象ですし、また記念碑的な四巻の『神話論』に結実したご研究の成果が輝かしいわけですが……。

さて、このように、だんだん難しい構造を解明してこられた今までのお仕事の延長線の上に、さきほどお話になった労働観の研究を置いて考えることができるのでしょうか。それにも構造主義的アプローチが可能だとしたら、どういうところに構造があるのでしょうか。

レヴィ＝ストロース　着手したばかりの問題で、はじめから答えが出ているのではありませんから、まだそれはわかりませんが、ある社会での労働観、仕事の理念は、その社会の他のすべての事象とおそらく関係があるだろうと考えられます。たとえば農業や狩猟の技術とか、労働から得られる生産物が家族間でどのように消費され分配されるかという問題にも結びついているはずで、そういうことに注目することになるでしょう。

労働は切り離されたものではなく、フランスにおける民族学の先達、マルセル・モースのいう総体的社会事象、つまり社会全体とかかわるものなのです。そして私はここでもまた、これらさまざまな面のすべてに不変の関係があると思います。つまり、社会によって労働の観念に相違かあれば、農耕技術をくらべても、食物の分配規則にも、農耕や狩猟の収穫の聖俗両面の使い方にも、同種の相違がみられるでしょう。

＊『親族の基本構造』（馬淵東一、田島節夫監訳、番町書房）上巻参照。

構造主義の条件

大橋　ところで、「構造主義」と呼ばれるものも実態はいろいろです。一九六〇年ころから、structuralisme という語がときには複数で用いられるようになりましたが、それまでは事実上、構造主義すなわちレヴィ＝ストロースだといってさしつかえなかったのです。この拡張多様化について、創始者である先生ご自身の率直な見解をおうかがいしたいと思います。

レヴィ＝ストロース　あなたのような言語学者に私から申し上げるのは変ですが、ともかく、構造主義を説きはじめたのは民族学者ではなく言語学者たちのほうでした。私たちはただ、言語学者たちの例にならっただけです。もっとも盲目的に従ったのではありません。言語学と民族学とでは扱う現実が非常に異なるからです。結局のところ、民族学はいくつかの一般的原理を取り入れたのです。

実のところ、真の構造主義が可能なのは、言語学と民族学の分野だけだと私は思います。それぞれ理由は別ですが、この二分野では変数の数を極度にきりつめられるからです。言語学でそれが可能なのは、言語というものは、いかなる人間社会にも存在する制度であり、また比較的それ以外のものを切り離しやすいからで、当然のことなのです。ただし「比較的」といっておかなければなりません。そうしないと、いろいろの問題が起りますから。でもとにかく、必要とあれば、ほかの面を切り離して、ある民族の言語だけを研究すること、つまり音韻や文法を記述することができます。つぎの段階では言語外の要素を考えることが必要になりますけれども、さしあたりは、切り離して研究を進められます。

もちろん、民族学についても同じことはいえません。切り離せるのは、当然ではなくて、事実上の理由からで、私たちが研究している社会が非常に遠い社会だからといえます。空間的に遠いのではなく、非常に違った社会であって、乏しい知識しか得られないからという意味です。

これは昔の天文学者たちと同じような状況です。天文学者は、遠くの天体を満足な道具もなく観察するだけだったので、天体の性質の一部、つまり、その質量とか、運動の相対的速度などしかわかりませんでした。しかし、このように余儀なく単純な研究をしたおかげで、天文学はおそらく最初に確立された科学になったのです。もしバビロニアの時代に火星まで行けていたならば、火星の植物学、火星の地質学などはできたかもしれませんが、天文学的火星研究はけっしてできなかったでしょう。私たちの民族学者も長いあいだこんな状況にあったしそして今なお多少はそうなのです。

さて、変数の数をこのように減少してはじめて、構造研究がほんとうに可能になるのですが、フランスでは一九五八年から一九六八年までのあいだ、構造主義は大流行でした。もう今は流行は去りましたが、この短い期間中は誰もかれもが構造主義にとびついて、前提条件があるということを知ろうともせず、非常に複雑な総合的事象に構造主義を適用しようとしました。理論的にも実際上でも、単純化できるわけもありませんから、それでは失敗するにきまっています。それは構造主義の要となる概念を、本来の意味で用いないで比喩的に使ったようなものでした。

大橋　先生は言語学の理論が人類学のモデルになったことをお話になりましたが、私は、個人的には、人類学が言語学に重要な示唆を与えると思っています。それは現在行われている民族言語学、社会言語学とはまったく別の次元の問題で、言語のコードそれ自体、つまりラングがいかなる原理で構成されるかという、言語の本質的部分についてなのです。人間は自然によって与えられた生理的条件と外的条件から文化を作り、そうして作られた文化をまた与えられた条件としてさらに高次の文化を作って、それに従って行動しているわけですけれども、それは言語についてもまったく同じです。

コードを考えるときは、そのような外的条件を排除し、逆に言語が現実社会でいかに使われるかを考えるときには、コードそれ自体は与えられたものとして扱うのが現在の普通のありかたですが、言語構造そのものがさきに申しましたような原理の上に成り立っているのだと考えると、コードの構造もその運用も、ずっとよくわかるのです。

このような考え方に立つ場合、とくに先生の人類学は言語の研究者にもたいへん有効だと思います。もちろん人類学ならなんでも、ということではありません。それは逆の方向についても同じです。

す。

レヴィ＝ストロース　たぶんおっしゃるとおりでしょう。でもやはり言語学者のほうが優位にありますよ。言語学者はソシュールの息子ですが、私たち民族学者は甥《おい》の孫くらいですから。

大橋　先生は言語学の価値を高く評価されるので、言語をやっている人間は気をよくするのですけれども、言語学と人類学の共通基盤を人類学者が見つけだしたのですから、言語学者が人類学に学ぶところがあっても当然なことでしょう。

レヴィ＝ストロース　そうですね。お返しに私たちのほうから何かもたらすことができればと思いますね。

構造主義は決定論か

大橋　ところで、構造主義に対して、しばしば決定論的思想であるという批判ないし糾弾が行われてきました。うっかりすると、人間の普遍性を探究する人間科学そのもの、科学性そのものの否定につながりそうな誤った議論だと思いますが、構造主義的人間像といったものを考えるとして、人間の自由の問題はどう位置づけられますか。

レヴィ＝ストロース　人間科学ではそういう議論があるのですが、それは人間科学がまだまったく幼い段階にある証拠です。物理学や生物学のように確立した科学では、そのような論議は絶対に出てきようがありません。ほんとうの科学では、実験家と理論家のあいだに争いはないのです。それぞれ自分の役割、自分の位置を心得ていて、誰もかれもが同じことを研究するなんてことはありえないと知っています。

ところが人間科学、社会科学では、全体主義的精神が支配しているのではありませんか。それぞれ自分のやっていることだけが真実であり、善であり、正当であると考えて、ほかの人がなにか自分と違うことを研究すれば、その人は非難に価するというのです。

民族学者や社会学者のなかに、搾取者とたたかう被搾取者の、抑圧者とたたかう被抑圧者の、日常闘争に参加する歴史的人間について研究する人があっても、私はそれに対してまったく異論はありません。そのレベルの観察は正当であり、また必要ですよ。しかしそういう問題と関係のないほかのレベルの観察を排除してはならないのです。それはたとえば、顕微鏡を用いて研究している実験者のようなものです。顕微鏡には倍率の違ういくつかの対物レンズがついていて、そのなかから選べます。さて、一滴の水をある倍率で見ると、食いあいをやっているいろんな微生物が、うようよ蠢《うごめ》いているのが見えるでしょう。それは一つの重要なレベルです。

倍率を少しあげると、もはや食いあいをする微生物そのものは見えなくなって、その体を作る分子が見えるでしょう。この倍率では、倫理的問題は少なくなるかもしれないけれども、それもまた重要な観察レベルです。そうして将来は、このレベルでの観察から得られたものが、まえのレベルで見た現象の説明としての価値をもつようになるかもしれません。さらにもう少し倍率をあげると、理論上はその分子を構成する原子が見えるはずで、それもまた別の問題になります。

以上すべてが正当で必要なことなのです。異なるいくつかのレベルの観察を同時に行うことから進歩が生まれます。「この一つのレベルだけを研究せよ。他のレベルはだめだ」というのは、ばかげた愚劣なことだと私には思われます。

大橋　先生が愚劣だといわれた反応は、構造主義的な社会人類学、さらには人間科学の意義が世間に認められるようになった結果、思いがけず出てきたものでしたが、その根は西洋文化の長い伝統のなかにあるので、同じ状況が別の文化のなかに生じたと仮定したら、必ずしも同じ反応は起こらないのではないかと思います。そのような議論が起こるとは予期されなかったでしょうが、結果的に先生がそれを、イデオロギーというものについて人びとが基礎から考えなおしてみる機会にされたのは、非常に重要なことでした。

レヴィ＝ストロース　議論そのものが幻想の上に成り立っているのですよ。たとえば同じような非難を分子生物学に向けるなんて、考えられないことでしょう。「人体組織のそんな微小なことを調べても、実践の役には立たない」などとは言わないんですよ。それに遺伝子の組みかえの問題だって、今日では政治と社会に大きくかかわりをもつようになっているでしょう。

人類学と人間学

大橋　そこで、「人類学」とは何をする学問かということになるのですけれども、アントロポロジー anthropologie という原語それ自身が多義的ですし、とくに日本では翻訳語ですから、それにともなう特殊な混乱もあります。先生ご自身の学問の展望のなかでの「アントロポロジー」を定義していただけませんか。

レヴィ＝ストロース　アントロポロジーという言葉はたいへん曖昧です。はじめて用いたのは神学だと思いますが、神学者たちの使った意味では、神の行為や属性を人間の行為や属性になぞらえること、つまり「神の意志」とか、「神のみ手に」などということ、それがアントロポロジー（神人同形論）だったのです。つぎにカント的意味でのアントロポロジー（人間学）がありました。

それから、民族学的な情報がいろいろ集められるようになったとき――フランスとイギリスでは一八世紀の末から一九世紀の初頭にかけてで、ドイツもほぼ同じころですが――おそらく言語的・伝統的理由からでしょうか、それに対して国によって異なる名前が使われるようになったのです。しかも、その使い方はとても不安定でした。フランスでは、「自然人類学」を指すアントロポロジーと区別して、文化と社会についてのさまざまな研究を指すのにエトノグラフィー ethnographie

（民族誌）、エトノロジー ethnologie（民族学）という用語が使われてきました。イギリスでは、主張を異にするグループのあいだで激しい議論があって、しばらく用語が定まりませんでしたが、最後には anthropology（人類学）におちつきました。理由は、強い方のグループがもう一方を吸収してしまったというだけのことで、まったくはっきりした歴史的理由です。アメリカ合衆国では長いあいだ ethnology（民族学）でした。ですから一八七二年に設立された「アメリカ民族学研究所」* Bureau of American Ethnology はそれを使っています。そのあとに、イギリスから「人類学」という用語がはいってきて、そちらの方が優勢になったのです。

こういうわけで、用語については今でもまだ混乱していますが、それは大したことではありません。どういうふうに使うかをはっきりさせておけばよいのです。みなに賛成してもらえそうだと私が考えているごく簡単なやり方、そして現にかなり広く受け入れられている使い方は、「民族誌」、「民族学」、「人類学」の三語を、同一の学問の三段階に対応させるという考え方です。

「民族誌」ethnographie は第一段階で、ある人間社会を直接に観察するものです。したがってそれはモノグラフィー的です。そういうのが民族誌的研究の典型です。つぎに比較の段階がありまず。たとえばまず隣接しあう社会の比較研究です。あるいは、南米の製陶、インドネシアにおける

＊ ワシントンにあるスミソニアン・インスティテューションの一部門。

鉄の加工、というような人間の活動形態を、いくつかの社会をとおして比較する研究で、この総合への第一歩の段階に対して「民族学」ethnologie をあてます。つぎの第三段階は、民族誌と民族学の成果を用いて人間一般をよりよく知るのに役立てようとする研究で、この最後の段階を「人類学」anthropologie と呼びます。

しかし、三つの段階は互いに緊密に結びついており、最初に民族誌の研究者が事実を観察し採集してくれなければ、人類学者も哲学者も理論家も、何一つできないでしょう。

大橋　日本語の「人類学」は、いまおっしゃった民族誌も、民族学も、人類学も、みなひっくるめて使いますが、先生のアントロポロジーは、対象は広く人間一般ですけれども、語義としては限定されていて「民族学的人間学」ですね。「哲学的人間学」との根本的な違いは、人間に関する事実の具体的観察に基礎を置く経験科学であるという点ですね。

レヴィ＝ストロース　そうです。厳密に事実を基礎とする科学です。しかし哲学的でないと思ってもらいたくはありませんので、哲学的用語で申しますと、それはデカルトに対するヴィコの立場です。デカルトは、人間に関する全知識を、ある種の知的苦行によって引きだすことができると信じていました。すなわち哲学者は自己の内に閉じこもり、他のいっさいを考慮せずに、意識の与件から人間に関する一般論を構築しうると考えていました。意味は少し違いますけれども、のちにベルクソンが「意識の直接与件」と呼ぶもの、それがよりどころですね。

ところがヴィコは、デカルトとは正反対の立場をとったのです。「人間を知りうるのはただ、人間が作ったもの、人間が具体的に実現したものをとおしてのみである。すなわち、言語、風習、慣行の研究をとおして人間一般についての知識を獲得するにいたるのだ」と言っています。これこそ近代人類学の立場の基礎だと私は思っています。

大橋　歴史はくりかえされますね。当時もそれが「新しい科学」だったのですから。

レヴィ＝ストロース　そうです。ただしヴィコには貴重な資料の山がなかったのです。私たちの資料は、この一世紀半か二世紀のあいだに民族学者が集めたものですから。ヴィコにとって「人間の作ったもの」というのは、実際には文献学の資料だけに限られていたのです。

構造と歴史

大橋　日本だけではなくてほかの国でも同じだと思いますが、多くの人が問題にするのは、構造と歴史、構造と出来事の関係です。

現代の言語学者にとっては、この関係ははっきりしています。言語は絶えず変化してゆきますけれども、革命というような非連続的な変革はありません。またコードがなければメッセージは成り立たないのですから、変化していても、つねに構造であることに異論はありません。また変化についても、構造内の要因と構造外の要因とは比較的はっきり分けられて、変化の科学的説明が、かなりの程度までは構造論的に可能です。また個人がそれに果たす役割は、言語体系そのもののレベルではまず問題になりません。

言語がそのほかの文化的現象にモデルを提供していますけれども、この点についての違いが論議を呼ぶ理由にもなっていると思います。そこで端的に、先生の歴史観をおうかがいいたします。

レヴィ＝ストロース　歴史ですか。それは日本だけでなくフランスでもはげしく非難されたことです。すぐれた人からも攻撃されましたね。私が歴史を知らぬ、歴史を軽視するというのですが、こんな間違った話はありません。

実際のところ、私は歴史ほど面白いものはないと思っていますし、ほかのどの種の本よりも多く歴史書を読んでいるでしょう。その理由はごく簡単です。歴史家は五〇年前、一〇〇年前または二〇〇〜三〇〇年前の私たちの社会の生活条件を再現してみせてくれますが、そのとき、私たちの社会の生成の切断面の一つ一つが民族学のモノグラフィーのようなものだと私は感ずるからです。つまり、ある社会の歴史の各段階が、それぞれ異なる社会の一つ一つのように思えるわけです。民族学者と歴史学者をへだてる唯一の差は、実際的には、前者が空間のなかにあるいろいろな社会の研究であるのに対し、後者は時間的に積み重ねられた社会を研究する点です。しかし、軸は異なっても、実際は同じことをやっているのです。

ただ、気になる問題があって、フランスの若い民族学者たちとこの点について論争したことがあります。それは出版もされているのですが、* マルクス主義に立つ人は歴史の発展には真の法則があり、歴史の発展は合理的に理解できるものだと想像しています。私は、それがいつも不可能だ、などというつもりはありません。歴史の大海原には、ときおりは合理性の島もありますからね。しかし、私たちのぶつかる、歴史の真に歴史らしい深い性質は、出来事の偶然性だと私は思います。偶然性の前には頭を下げざるをえません。けっして合理的説明のできない偶然があるのです。

この問題に関して一つの例をあげておきましょうか。アメリカ研究でとくに植物を専門としている民族学者たちのあいだに現在流行の説が一つあります。それについて私が、なんらかの判断をくだすなどというつもりは毛頭ありません。ただご紹介するとこうなのです。アメリカにある種のヒョウタンがあります。ラゲナリア *Lagenaria* 属の一種です。ところがそのヒョウタンは、アメリカ原産のものではなくて、原産地であるアフリカから来たものなのです。そこでいろいろの推測がされるのです。船で大西洋を渡った人間がもってきたという説。これはめったにありそうもないことです。何年かかったかわからないが、大海原を潮のまにまにアメリカの岸まで運ばれてきたのだという説。あるいはまた、漁師の網の浮きに使われていたヒョウタンが嵐ではずれ、アメリカの岸

* "*Anthropologie, histoire, idéologie*" L'Homme 1975, XV (3–4).

辺に流れついたのだとする説もあります。この種の説の一つ一つが正しいか否かは、私にはいっこうにわかりません。しかし、この種の現象を合理的に説明するのが不可能であるということだけはたしかです。ラゲナリア属のこのヒョウタンが南米にたどりつかなかったとしたら、南米の文化はすっかり違ったものになっていたでしょう。南米ではこのヒョウタンがあらゆることに用いられていて、重要な役割を演じているのですから。ともかく、このヒョウタンがある時期にもたらされ、そして奇蹟的にも芽を出した。これが私にはとりわけ歴史的な現象だと思えるのです。

偶然の現象をふりかえって記述し理解することはできても、予測するのは絶対に不可能です。そういうわけで、「構造の決定性」――というと私の考えよりずっと強すぎますが、構造的進化の組織的・合理的性格と「歴史の非決定性」とのあいだには、絶えず一種の妥協がなされねばならないのです。

生物の進化と社会の進化

大橋　先日、東京でなされた民族学者の責任についての講演で、進化論のゆきすぎの話をなさいましたね。

レヴィ＝ストロース　生物学の進化論のゆきすぎですね。この進化論には一九世紀の民族学者たちは異議を唱えましたし、それがまともなのです。

大橋　社会進化論ではなくて、生物学の進化論ですか。

レヴィ＝ストロース　そうです。ご存知でしょう。問題がこみいりますが、進化論は生物学の理論だと考えられていますけれども、じつのところ、ダーウィンよりずっとまえからあった哲学上の理論でした。子どもの誕生、成長、発達に人類を比較する考え方は、すでにモンテーニュにみられますし、パスカルが発展させていましたが、それはフランス文学史のなかの問題でした。

ところが、ダーウィンによってこの合理主義思想に哲学的基盤が与えられると、人間社会はすべて同じような段階を経るものであり、未開状態から野蛮状態を経て文明状態へ進化するのだと人びとは想像したのです。そのあとはご存知のとおりですね。

この考え方に対して民族学者は激しく反論しました。それはとても早かったのです。一線上の一つの進化だけしかないように考えるのではなくて、多数多様な進化を考えるべきだと提唱したのです。進化は、いくつもの可能性のなかから社会が選択するものであって、ある選択をしたらほかの可能性はあきらめなければなりません。人間社会の進化のさまざまな変形は繁《しげ》った木の形、複雑に枝わかれしているこんもりした木の形を思わせます。もっとも単純な状態から、観察者が属しているもっとも高貴な社会の状態へ達する一本の階段のように考えてはなりません。

さて面白いことに、ダーウィン以後、生物学上の進化論も同じ方向に進化してきましたね。今日では、生物学の進化論者たちがヒトの進化を示すのに用いる図も、線的な進化ではなくて、まさに繁った木のイメージを借りているではありませんか。こうして、生物学と民族学とのあいだには、一世紀前には矛盾対立があったのですが、今ではむしろ一致するところが多いと思います。

大橋　新・ダーウィン説はどうですか。

レヴィ＝ストロース　それは私の手にあまる質問でお答えしにくいのですけれども、あえて申しますと、新ダーウィン説は不充分なように思います。哲学の用語でいう目的性ですが、生命に目的性は存在しないとは、私としては認められませんし、進化は、まったく偶然に行われる突然変異や自然淘汰《とうた》のたんなる結果だけではないと思うのです。

でも、急いでつけ加えておきますと、新ダーウィン論者たちは、少なくとも現在のところはおそらく正しいのでしょう。つまり、ものごとをこのようにとりあつかうことによって知識が進むのですし、あとは哲学的なビジョンですから、生物学者が無視してとりあつかわなくても当然でしょう。ただ、いつかは、ことがそんなに簡単ではないとわかる日がくるだろうと私はひそかに思っています。

大橋　進化論は社会思想にも大きな影響を及ぼしましたが、「未開社会」と呼ばれるものを先生はどうお考えになりますか。複雑な社会に対する単純な社会といってもよいのですけれども。

レヴィ＝ストロース　一方に単純な社会、他方に複雑な社会というような断絶はありません。観察できるかぎりのもっとも単純な社会から、私たちの知るもっとも複雑な社会までのあいだには、あらゆる段階の社会構造の型が連続的に存在するので、あるところに一線を引いて「左はこれ、右はあれ」とはいえないのです。それがまた、民族学者の研究対象の社会をどう形容したらよいか、困っている理由でもあります。

「未開社会」(sociétés primitives) という言い方がよく用いられましたけれども、これは古くさくなりました。「原始社会」(Sociétés archaïques) とか、「無文字社会」(Sociétés sans écriture) ともいわれます。文字の有無は客観的だし、うまい基準だと思います。社会内部での知識の継承法に関して、文字の有無がいくつかの根本的変化をもたらすからです。文字があれば明らかに知識の蓄積が可能となりますし、文字がなくて知識が蓄積されぬとなれば、まったく異なる伝達方法が求められることになります。ですから、私としては、「無文字社会」という定義を好んで受け入れたいと思います。

でも今では、primitif (未開、原初) という用語も、はじめてこれを用いた人たちが思い浮かべた「未開」とはまったく別の意味で、ある真実をついているのではないでしょうか。人間社会が自分の歴史に対してどのような態度をとるかが問題なのです。「歴史なき社会」(Sociétés sans histoire)という言い方もありますけれども、私はもとより歴史のない社会があるなどというつもりはありません。どの社会も歴史のなかにあります。どの社会も、戦争、移住、疫病《えきびょう》、内乱などを経験しているのです。しかし、私たちの社会の特徴は、歴史に、もしくは自分が歴史についてもっているビジョンに、発展の内的動力を求めようとする姿勢です。それとは反対に、民族学の対象となる社会の多くは、私たちとまったく同じように歴史をもっているにもかかわらず、みずからの歴史を否定しようとし、現状は、造物主がその社会と律法を作り定めた昔と同じであり、ずっと同じであったと想像したがっています。それはもちろん幻想です。それは「原初的」(primitif)ではないのだけれども原初的であろうと望み、原初的だという幻想に身をゆだねている社会です。この意味でならば、この「原初的」という意味で primitif という語を用いるのは正しいと思います。*

民族学の役割

大橋　民族学はそのような、歴史を否定した小さな社会をとくに好んで研究するのですが、それは現在のわれわれにとって、どういう意味をもちますか。

レヴィ＝ストロース　歴史を「否定した」社会ではなく、「否定しよう」とする社会ですよ。

大橋　そう言いなおします。

レヴィ＝ストロース　歴史を「否定できると想像している」社会です。

大橋　その方がさらに精密ですね。さて、そういう性格をもった社会を研究することは、人間についての知識に、とくにどういう点で役立ちますか。

レヴィ＝ストロース　その答えはごく簡単です。物理学者や生物学者の場合は、物質の性質とか生命の現象の性質について問題があれば、それに対処する簡単な方法があります。実験室で実験を行なってみて、仮説が正しいか否かを確かめてみればよいのです。つぎに別の学者が自分の実験室で同じ実験をして、同じ結果が得られるかどうか追試をすることもできます。

ところが私たち民族学者は実験ができません。実験室で社会を一つ作りあげることもできないし、その社会生活を変えるためのパラメーターを導入することも、多くの理由から不可能です。道徳的な理由もあります。それに、はじめに申しましたように、変数の数が多すぎますし、関与性のある変数とそうでないものとを分離することができないせいでもあります。

＊　古くから用いられた sauvage（野蛮な）にかわって、一九世紀から primitif という形容詞が広く用いられてきたが、古い社会進化論の偏見に結びついたこの用語の使用を、レヴィ＝ストロースをはじめ多くの人類学者は避けてきた。(Lévi-Strauss, *Qu'est-ce qu'un primitif?* Le Courrier, 1954 参照)。しかし、それに代わるべき用語に適当なものが見出し難く、近年はここに述べられているように再定義してこの語を使おうとする傾向がある。

では民族学者の仕事は何でしょうか。それは現に社会的実験が行われているその場に実験を求めにゆくことです。社会は一つ一つがそれぞれ出来合いの一種の実験のようなものですから。私たち自身の社会、または私たちにごく近い社会の実験だけに限っておいて、人間一般を知り、理解できると考えるのはとんでもない幻想です。現実に行われている実験の全体を見渡し、整理分類しようと努力することによって、より進んだ科学に比肩《ひけん》しうる位置、とてもそこまではゆかぬでしょうが、ほんの少しはそれに近づいた位置に立つことができるでしょう。

大橋　日本の歴史のなかで、外国文化との接触は何度もありましたが、知識人だけではなくて、一般の人びとが現在ほど広く異なる文化の理解に関心をもったことはなかったと思います。また中国文化とか西洋文化とかの特定文化の知識や、それと日本文化との対比だけではなくて、今おっしゃったような一般的理解をもって考えようとしたのも、はじめてでしょう。

そのような潮流のなかで民族学への関心が高まり、国立民族学博物館ができたりしたのですけれども、こういう「異なる文化の理解」とか、一般の人間に身近な観点ではどうでしょうか。

レヴィ＝ストロース　日本が民族学をどう利用するかはわかりません。西欧での使われ方について申しますと、ラブレー、モンテーニュなどの書いたもののところどころに、民族学の芽ばえがみられます。その効用は、謙虚さと賢明さをもって私たちの社会と私たち自身を洞察することでした。さほどそれに成功したわけではありませんの洞察しようと努めたという方がよいかもしれません。

ですね。しかし要するに、民族学的反省とは、人間の生き方は一つだけではないこと、価値の体系は一つだけではないこと、したがって、自分の社会の価値を盲目的に信奉すべきではなく、自分たちはある一つの選択をしただけで、ほかの選択も同様に可能であることなどを理解することです。

もっとも、この方向にゆきすぎてはたいへん危険なことになります。まったく価値観がなくなり、「どの価値も同等で、あれもこれも同じように良いのだ」と考えることになってしまうでしょう。民族学にとっては、異文化の価値観への知識と尊敬を、自分が生まれ暮らしてきた社会の価値観への誠実で生き生きした熱い愛情心に折りあわせるのが大問題なのです。ほんとうにむずかしいことですが、それができてはじめて、民族学は充分に役割を果たすことができるでしょう。

大橋　先生ご自身が非常によい例ですね。日本へおいでになってから、いろいろお伴をする機会がありましたが、偏見なしにものごとを見ようとする態度がほんとうに身についておられるので感心しております。

レヴィ＝ストロース　いえ、そのおっしゃり方は正確でありませんよ。私たちは誰であろうと偏見なしにものごとを見ることはできないのです。私たちはいつでも偏見をもって見ています。民族学者の仕事は、偏見をもって見ながら、自分に偏見があること、自分の偏見を自覚したこと、自分の偏見が判断に影響を与えていること、だから、その判断を修正しなくてはならないことを、一刻一刻と学んでゆくことなのです。

大橋　たいへんよい教訓をいただきました。しめくくりにふさわしいお話ですので、このへんで終わりにいたしましょう。ありがとうございました。

レヴィ＝ストロース　こちらこそどうも。

（大橋寿美子訳）

一民族学者のみた日本

一九七七・一一・二三
東京・国際交流基金

五箇山・隠岐・輪島

大橋　この六週間の間、先生は文字どおり寸刻を惜しんで日本文化のいろいろな面をごらんになられましたが、今日は先生が日本についてお感じになられたことを気楽にお話いただきたいと思います。

先生は日本文化の研究が御専門ではないわけですから、どういう点にとくに関心をおもちになり、日本へおいでになられたかを、まずおうかがいします。

レヴィ＝ストロース　第一には、近代化と伝統の問題です。私たち西欧の人間は、工業化の道を選んだとき、自分たちの根を絶ち切ってしまいました。今では、そのことを非常に強く意識するようになっていますが、現在の状況はほんとうに悲劇的です。

大橋　過去との断絶は西欧ではそれほど大きいのでしょうか。私たちは、ヨーロッパでは、むしろ伝統の重みを強く感ずるのですけれども。

レヴィ＝ストロース　絶ち切ってしまったと言えば、言い過ぎになるでしょう。より正確には「現在と過去との連帯性を意識させるものを切り捨てた」と言うべきでしょう。

開発途上国と呼ばれる国々の人たちから、自分たちの文化の将来について、意見を求められることがあります。もっともそれほど頻繁にあることではありませんが。たまたまそういうことがあったときには、必ず今述べましたようなヨーロッパの誤ちを繰り返してはいけない、それが何より大切だと言うのですが、なかなかわかってもらえません。近代化のためには、過去の人間的伝統をすべて切り捨てなければならない、今まで保ってきた自然との関係を断ち切らなければならない、とどうしても考えがちです。

日本について何よりも大きな関心は、日本文化が自らの過去を完全に破壊することなく、どのようにして近代化を達成したかを自分の目で見ることでした。完全に成功したとは言えないと思いますけれども、かなりの程度に成功したことは確かです。少なくとも、他のどの国よりもうまくなしとげたと思います。

大橋　それは日本人自身が一世紀あまり前から問い続けてきた問題ですし、またとくに現代の社会では、日本人にとってアクチュアルな、しかも日常的な問題になっていますが、私たち日本人にとっても答えがきまっている問題ではありません。それに、かつては中国文化との接触についても同じような状況の歴史があったわけです。歴史の事実だけではなくて、考え方にも、時代によって大きな変動があります。先生がそのような動態に興味をおもちになっていらっしゃるなら、日本はたしかによい一つの実例になると思います。

レヴィ＝ストロース　ええ。日本を訪れるのは今回がはじめてなので、もちろん大都会や神社・仏閣も少しは見ましたが、国際交流基金からお招きを受けることになったとき、とくにお願いして、伝統的な職業、手工業が現在どのように生きているかを見ることと、日本の農村、漁村に滞在することを中心にスケジュールを組んでいただきました。

大橋　そういう目的は、ほぼかなえられましたでしょうか。その他のいろいろな日程で、農村、漁村の御滞在が短くなってしまいましたが。

レヴィ＝ストロース　期間は短かったけれども、よい場所を選んで下さったので、とても有益でした。五箇山*は内陸部の山村の例として、また隠岐は島の漁村の例として。しかし、私にとって興味があったのは、一方が農村で他方が漁村だというような対比ではなくて、この両者が近代化に対してそれぞれ独自の態度をとり、それが対照的に違うという点です。

五箇山は、合掌造りの家だとか、食事だとか、食事の作法だとか――食事の作法というのは私にとってはとくに意味があるのですが**――に象徴されるように、伝統的な生活様式が非常に強く残っている地域です。ところが一方では、その谷あいの村に大きなダムが作られたり、いままでの曲りくねった山道に代わる真直ぐな新しい道路を建設する土木工事があちこちで進められていたりして、大騒ぎです。いわば両面の間に不調和がある地域です。

五箇山について、もう一つ重要な点は、若い人がどんどん村を出て行くことです。聞いたところでは、村民の総収入の七〇パーセントは都会からくるそうですね。もっとも現在は若い人がダム工事の現場で働いているので、少しはましになっているかも知れないということでしたが、ダムの建設工事は一時のことでしかありません。

大橋　日本の山村はほとんどどこでもそうですが、その典型的なケースでしょう。

レヴィ＝ストロース　ところが隠岐はまったく違います。古い型の家はほとんど見かけませんでしたし、また新しい家もどんどん建っています。それに若い人が出て行かない。

大橋　離島の状況は山村に似ていますが、隠岐の場合ですと、近代化に対応できるだけのサイズの社会と生産物流通の機構がありますね。

レヴィ＝ストロース　私の見たものについて言えば、この二項対立のかげにもう一項あって、三項対立になります。それは輪島で、ここの漁業は隠岐よりずっと古いんですね。これはほんの通りがかりに見た外国人の印象ですから、間違っていたら訂正して下さい。漁獲物の流通範囲が、一部は

＊　富山県東礪波郡上平村及び平村。
＊＊　『神話論』第三巻は「食事作法の起原」と題されている。

遠方まで送られるにしても、大部分は隣接地域に限られるような規模の漁業だからかも知れません。輪島の市にも行きましたが、あれはほんとうに見ものです。

ところが隠岐の漁業は違っていました。ローカルなマーケットはないに等しい。漁獲物の一部はもちろん自家消費用にあてられるにしても、大部分はすぐに遠方に送り出される。だから経済的には、はるかに近代化しています。全国的な経済の中に組み込まれている度合がずっと大きい。

それから女性の役割が非常に違っていました。輪島では女の人の仕事がとても多くて、男よりよく働いているくらいです。とくに市へ売りに行くのは女の仕事で、大きな荷物をもって市へ出かけ、大きな荷物をもって帰ってくる。腰がすっかり曲ってしまったお年寄りまで働いていますね。それから服装でも独特の、すぐそれとわかる服装です。ところが隠岐はまったく違います。漁師のおかみさんたちにもいろいろ話を聞いたのですが、漁業についての男女の分業は輪島とはまったく違っていて、女性は何もしないわけではないけれども、その役割ははるかに小さい。

結局のところ、一方で五箇山と隠岐、他方で隠岐と輪島という二つの対立、三つの異なった面を通じて、自分が考えていたよりも、日本人の生活がはるかに多様であることを強く印象づけられました。私が見たのは、ほんの一隅にすぎませんが、それでもこんなに違っているのですから。

伝統と現代の調和

大橋　ごらんになられたことを通じて、日本人の労働の組織の仕方について、とくにお気づきになられたことがございますか。

レヴィ＝ストロース　やはり女性の役割ですね。隠岐で聞いたのですが、漁業だけをやっているところもあるけれども、半農半漁のところもたくさんあるでしょう。漁業協同組合に加入していますから本当の漁民であるのに、一方では農業をやっているというので、どういうふうに仕事を分けているのかと尋ねたわけです。すると男は漁に出て、女が田で働くんだという返事なんですね。しかも隠岐だけのことではなくて、本州でも同じだそうで、これは思いがけないことでした。

さきにも言いましたように、日本での男女の分業の問題には非常に興味をもっています。とくに伝統産業の場合には特徴的です。輪島に四日間いて、漆器を作っている人たちに親切にしていただきましてね。あらゆる仕事のすみずみまで、自分たちで案内して見せて下さったのです。そこでは夫婦の共同作業の多いことが印象的でした。夫婦単位の仕事といっても、その形はさまざまで、たとえば沈金では、夫が彫って、妻がそれに金を埋めるという分業形態ですが、蒔絵の方は妻も夫とほぼ同じ仕事をする。しかし、夫の方が主になって、妻はその助手をつとめるという関係です。

もちろん伝統的な手工業が生き続けている鍵の一つに、製造法の近代化を行なって、それを昔からの技術にうまく調和させていることがあります。たとえば蒔絵に使う金箔を作るところを見せてもらいましたが、そこでは金箔製造に使う紙の作り方には、いろいろ秘伝があるんです。ところが金箔を打つのはエアハンマーでやっている。輪島塗の木地作りも同じで、大ざっぱな仕事は電動のロクロで片づけて、そのあと微妙なところを手でやるわけですね。

しかしながら、重要なもう一つの鍵は、生産過程の家族的構造にあるのではありませんか。漆器でしたら、夫婦のほかに、見習を含めて若い人たちが二、三人加わる程度で、しかも若い人は住込みが多く、家族の一員のように扱われている。そして主人はその人たちの修養にも責任をもつ。まあこういう型があるでしょう。ですから漆器製造業といっても、建物はふつうの民家か、それより少し大きい程度ですね。訪問をしますと、まず一しきり説明して下さって「さてそれでは工場を見ていただきましょうか」ということになる。「工場」というから何十人も働いている人がいるのかと思うと、そうではないのです。しかし、そういう単位が集まって漆器産業が成り立っているわけです。

一般的に言えば、ヨーロッパの人間が日本に来てまず驚くのは、まず第一に人間の多さ、人口密度の高さですけれども、それをそのまま単に労働力として見てしまうだけではいけません。その中にどのような小さな単位があって、それがどのようにうまく機能しているのかということを見なくてはならないのではないかと思います。そのような社会的単位を維持してゆくキャパシティーに日本の独自性があるのではないですか。

大橋　いま輪島塗についておっしゃられたことは、ヨーロッパの手工業についても同様に見られるのではありませんか。

レヴィ＝ストロース　いや、もうありませんね。ヨーロッパでは、一九世紀にはまだ見られたでしょうが、今では、労働はすでに完全に個人に分解してしまっています。私は職人をたくさん知っていますけれども、もう誰も弟子をとろうとはしません。一つには、社会保障費の雇用者負担が重いことも理由になっています。

大橋　私は詳しいことを知らないんですけれども、日本でも社会保障の負担をせずに人を雇うことはできないんです。もちろんその負担の重さに違いはあるでしょうが。

レヴィ＝ストロース　もし日本で、伝統産業の後継者養成と社会保障負担の矛盾に何かうまい解決方法がとられているならば、ぜひ教えてもらいたいですね。

しかし、それより大切なのは、職人自身が自分の仕事にどれだけ誇りをもっているかということです。ヨーロッパでしたら、現に手工業に従事しているとしても、できれば他の仕事に変わりたいと思っている人が多いのです。

大橋　伝統産業も需要がなければ成り立たないわけですが、現代の日本には文化的二重性の意識があって、固有文化であるがゆえの価値づけがはっきりできていることが支えになっていると思います。西欧でも、フランスなどは昔から職人の腕に対する評価が高い国ですが、伝統技術や職人気質は、一般の工業化の流れに吸収されて、その中に生き続けていると思いますが……。

レヴィ＝ストロース　需要が一つの重要な条件になっていることはたしかですね。輪島で漆器を見たときに、高級品の値段が高いのには驚きました。しかし、それでも需要がある。日本の漆器というのは、ヨーロッパの銀製品にあたりますね。ところがその漆器でも、私が日本に着いた翌々日に東京国立博物館の「東洋の漆工芸特別展」で見た逸品には比べようがありません。あのような作品が再び作られるための条件は今はないでしょう。

きものでも同様で、金沢や京都で作るところを見せてもらいましたが、大変な手数をかけているのに驚きました。ヨーロッパできものに相当するのは、ルイ王朝時代の刺繡で装飾をほどこした衣裳というところでしょうか。とにかく、現在ではそれにあたるものはありません。

大橋　きものの値段が高いことには、外国人はよく驚きますね。

きものは伝統文化と現代生活との関係を説明するのにとてもわかりやすい例です。現代のように洋装が普及している中で和服を着るということは、単に前時代の遺物とか、保守性とか、あるいは過去への郷愁ということではなくて、昔とは違った意味をもつようになっています。新しい衣裳のシステムができ、その中で和服に新しい機能が与えられているのです。

レヴィ＝ストロース　よくわかります。私の言いたいのもそういうことです。もちろん、フランスでも、すぐれた伝統工芸の技術者が残っていないわけではありませんし、また尊重されています。しかし、それを組み込んだ社会構造はありません。ところが、日本は伝統産業の存在を可能にし、かつ維持してゆくような社会構造をもっている。それが大切です。

日本では、伝統工芸に限らず、一般に、過去の文化と現在との間に安定した関係、一種の均衡が保たれていると思います。私がとくに関心をもつのは、その点なのです。

日本文化の混質性

大橋　それに関連しておうかがいしたいのですが、先生は文化の混質性ということをどうお考えになりますか。日本は中国文化を受け入れ、明治以降は西欧文化を取り入れたので、私たちは自らのアイデンティティーの問題としてそのことを意識しがちですし、他方では西洋文化を全面的に採用したわけではありませんので、なにか皮相的な西欧化をしているという後めたさを感ずる人もあります。

私自身としては、日本文化は『野生の思考』にお書きになられたブリコラージュで、他のシステムからもってきた要素を使って、つねにそれなりに完結した一つのシステムを作り上げてきましたし、また文化変容とは一般にそういうものだとも考えていますが……

レヴィ＝ストロース　あらゆる文化は混質的です。フランス文化も同じです。その基盤は、ケルト文化、ローマ文化、ゲルマン文化でできています。さらにユダヤ・キリスト教的伝統が加わっています。

大橋　他の文化というのは単一的に見えやすいんですね。

レヴィ＝ストロース　日本文化が外来要素を受け入れながら、独自のシステムを作り上げていることがいちばんよくわかるのは美術ではありませんか。中国の影響を受けながら、それとは違う、他のどこにも見られない美術を完成させました。美的感覚というのは、いちばん根の深いものです。伝統的な日本文化と考えられるものが混質的なのはよくわかります。とくに伊勢神宮へ行ったとき、あの簡素さ、荘厳さ、純粋さに日本古来のものがあることを強く感じました。日本は仏教国だと言われていますが、伊勢神宮は、インド起原の仏教とは、本来非常に異質ですね。ところが、結婚式は神社で、葬式は寺院でというような生活が成り立っているのが日本です。

神道と仏教、固有文化と中国からもたらされた文化との間に隔絶的な仕切りがないことのほかに、宗教生活と日常生活との間にも絶対的な仕切りがないことにも気がつきました。聖と俗とがあまりはっきり切り離されていない。ヨーロッパでしたら、カトリックでもプロテスタントでも、聖俗の区別が厳格です。

隠岐の浦郷で、たまたま漁船の進水式に出会いました。食堂に入りますと、今日は進水式があって、その予約があるので席がないと言うんですね。食堂といっても、テーブルが一つしかない小さな店で、フランスならばビストロというところです。ほかに行くところもありませんでしたし、ちょうどよい機会だと思いましたので、頼んで同じテーブルに坐らせてもらいました。そうしましたら仲間に入れてくれましてね。私にとっては、庶民的な、お祝いのときの食事がどんなものかわかりましたので、大変面白かったのですが、いま話をするのはその後のことです。食事がすむと、式をやるからと言うので、他の人と一緒に歩いて、小さな造船所に行きました。船の上には船主とその奥さんとその弟の船大工と、それから神主さんが乗って、実に真剣で厳かな式が行われました。ところがまわりの人びとは、親戚の人とか村の仲間ですが、まったくのんきなもので、しゃべったり、ふざけたりしているんですね。ヨーロッパでは考えられないことです。宗教儀式なのか、それともそうでないのかということが問題にならないように見えました。

それから吉田禎吾東大教授が去年調査に行かれた漁村を訪れまして、神主さんのところへ話を聞きに行きました。ところが、そこは家と神社が一緒になっていましてね。二部屋ありまして、一つが宗教行事にあてられ、もう一つは私生活のためということになっているのですけれども、それがまったく一つになっているんです。聖の部分と俗の部分が切り離されずに、結びついている。これもまたヨーロッパではありえないことです。

大橋　聖・俗の結合ということをどう解釈するかということにも関係がありますが、一般に、西欧の人には、日本人の生活が宗教性の強いものに見えることが多いと思います。神社にはたくさんの人が参詣していますし、ビルの屋上に鳥居があったりします。だからと言って、キリスト教とか、イスラムのイメージをそれに重ねて判断すると間違えることになります。つまり、他方では、日本ほど宗教的に行動を制約されない国は珍しいと思います。結婚にせよ、教育にせよ、政治にせよ、いろいろな文化を受け入れた結果できあがるのは、それらの要素の混合物ではなくて、一段高い次元で異なるものかも知れません。ですから、たとえば非寛容の宗教が日本で成功する可能性は、非常に少ないと思います。

レヴィ＝ストロース　そうかも知れませんが、だからと言って日本人が非宗教的だということではありませんね。超自然的なもの、超越的なものに対する畏敬の念は非常に強いでしょう。

五箇山で泊めていただいたのは村長さんのお宅でしたが、私たちが寝た部屋に神棚がありまして、奥さんが朝、水と卵一つをもって入ってこられ、それを供えてお祈りをして行かれました。祭ってある神様は竜で、毎朝、水と卵を新しいものに変えるという話でした。超自然がすぐ身近なところにあるのを感じましたね。

漁村でも同じで、漁業そのものは近代化しても、宗教的儀礼は非常に盛んでしょう。

大橋　今おっしゃられたような宗教性がないという意味ではなく、宗教と文化的、社会的変革との矛盾をどう解決するかという一般的な問題に対して、日本なりの解決ができているということです。宗教が近代化を阻んでいる国はたくさんあります。複雑な問題で、あまり単純化はできませんが、宗教一つ一つの性質はかりに別にしても、日本の場合、いろいろな宗教を受け入れた結果、宗教的寛容度が高くなっていることと近代化とは無関係ではないと思います。

自然を人間化する

レヴィ＝ストロース　日本で印象深いことの一つは、日本の風景です。短期間の滞在なので、もちろん日本のごく一部を見たにすぎません。それでも、東海道は新幹線でしたが、京都から信楽や大和の山の中へ車で行きましたし、輪島から志摩まで一〇日ほどかけて車で本州を横断しました。東京から金沢、大阪から隠岐の間は、飛行機の窓から下がよく見えました。隠岐では島をずっと船で回り、フェリーで帰りましたので、いろいろな日本の風景に接することができたと思います。日本にもなかなか雄大な景観がありますね。金沢から五箇山へ抜けるとき通った新しいスーパー林道からの眺めとか、隠岐の海岸線とか、今まで見たことのないとても美しい景色でした。

私のノートのどこかに、「日本では風景もカリグラフィー（書道）だ」と書いてあります。とにかく山の稜線が美しい。それに地質のせいで、山が岩でできている所は少なくて、ふつうは土質ですから、彫りが違っています。

私は幼いときからずっと日本の美術に親しみをもってきましたが、日本の絵画に出てくる風景は、画家が自分の夢想する自然を描いたものだと思い込んでいました。ところが日本に来て、それがけっして夢想ではなく現実の風景だということがよくわかりました。

しかし、だからと言って、描かれた自然が象徴性をもち、しかも哲学的意味をもっていることに変わりありません。つまり、現実の自然の要素を使って、自然を表現する一つのシステムを日本の絵画は作り上げているわけです。

同じことは、社会生活一般についても、ある程度言えるのではないでしょうか。社会生活ですから、自然の要素ではなくて生活の要素ですけれども、日本ではそのさまざまな生活の要素が、がっちりとしたシステムにまとめ上げられています。それが日本文化の力です。日本文化は、そういうシステムを作り上げる力として、理解すべきではないかと思います。

大橋　よく言われるように、西洋では自然 nature と文化 culture とを対立させて、文化だけで一つのシステムとして考えますけれども、日本では、自然と人間とをまとめて、つまり自然と文化を切り離さずに一つのシステムにしていると言えます。そして日本の家屋とか庭園とかがよく例にあげられます。自然に対する人間の態度、働きかけ方にも違いがあるとお感じになられましたか。

レヴィ＝ストロース　私の印象では、日本では自然を人間化する、自然に人間的意味を与えようとしているのではないでしょうか。自然と言っているものが、実際には必ずしも、手を加えられていないままの本当の自然ではありませんね。

大橋　そうなんです。日本では、本当の原生林とか原野はもうほとんど残っておりませんし、ごらんになられた風景は、庭園の場合とはむろん違うにしても、多かれ少なかれ人間が作った風景です。海岸の松並木にしても、山の杉林や竹林にしても。ですから、先生が絵を見て、これは画家が想像力で作った風景だと考えられ、実際にごらんになると現実に非常に近いということは、その意味では当然なんです。

山野が、人間の与えようとした姿にこれほど従うようになっていますと、国立公園などに、例外的に手の加えられていない自然が残っているとしても、それも人間の意志の結果と考えて差支えないということになります。フランスでしたら、自然保護が文化庁の管轄になるというのはまったく考えられないことでしょうが、日本ではほとんど誰も驚きません。

レヴィ＝ストロース　日本で、私が調べて面白かったことの一つは料理です。御存知の通り、一般に民族学者は研究対象の民族がどんなものを食べているか、どんな調理法を使っているかを調べますが、私の主な関心はそれとは異なって、日本料理の「文法」とでもいうべきものを取り出すことでした。

京都では、ある料理屋で板前さんに、献立の構成から、調理して客に出すサービスの仕方、順序など、きまっていることについて何もかも詳しく説明してもらいましたし、またいろいろ質問して資料も集めました。ところが、隠岐の旅館に泊ってみて驚いたことは、料理の出し方がまるで違うことでした。京都の料亭では、サービスが完全に通時的で、何のつぎに何が出てくるということがきまっていましたが、隠岐の宿では、いろいろの御馳走が一度に運ばれてきて並べられました。驚いて尋ねますと、ここでは順序なんかはじめからなく、ただ配置だけが大切だという話でした。右に置くべきものは右に、左に置くべきものは左に置かなければならない。それはきっちりきめられている。つまり規則は完全に共時的です。

大橋　地域による違いではなくて、旅館ではサービスの人手が足りないという問題もあるかと思いますが、通時的なものがいかに共時態にルール化されているかを考えるのは面白いですね。

レヴィ＝ストロース　もちろん、通時態なしに共時態は考えられません。

大橋　また通時的サービスの場合でも、一つ一つの料理の構成とか、器との組合せとか、置き方とか、やはり共時的ルールはきまっているわけですね。

民族学の個別性と普遍性

大橋　日本文化の研究について、お考えをおうかがいしたいと思います。先生は民族学者でいらっしゃいますので、第一に、文字をもつ社会、歴史文献をもつ社会に対して民族学がどう接近するかということ、第二は、先生の学問の人間学的展望の中で、ジャポノロジー（日本学）の個別主義と、アントロポロジー（人類学・人間学）の普遍主義がどう関係づけられるかという点です。

第二の点を少し詳しく説明しますと、それは単に一般的な個別性と普遍性との関係の問題ではありません。私たち日本人には、日本文化は特殊なものだという気持ちが強くて、フランス人がもっている自国文化の普遍性の信念とは対照的です。そのことは、外国人による日本文化の研究を日本人がどう評価するかという問題にも反映して、日本文化の特殊性、ないしは独自性の研究のみに注目しがちです。他方、西洋でも、日本研究はオリヤンタリスム（東洋研究）という個別主義的な枠の中だけで考えられて、普遍性の観点からの接近は乏しいというのが実情ではないでしょうか。

レヴィ＝ストロース　もし日本人の態度がそうであるとすれば、さきほど言われた日本文化の混質性の意識と矛盾しませんか。

大橋　矛盾ではなくて、表裏一体の関係にあると思います。芸術を例にとるとわかりやすいと思いますが、たとえば絵画は日本画と洋画が分かれていますし、音楽でも邦楽と洋楽が分かれています。演劇も伝統演劇と新劇とに分かれています。両者が並行して存在していて、伝統的形式の方に発展性がなくなった結果、さきに申しましたようなアンデンティティーの問題が起ります。学問の世界にまで同じような傾向がありまして、歴史学にせよ、文学研究にせよ、自国とそれ以外とがこれほど区別される国は珍しいでしょう。私の専門である言語について見ましても、言語学と国語学との区別は、単なる一般言語学と個別言語学の関係だけでは説明できません。

このように分離すれば、現在の状況では自国の方だけに限る方が発展性を失い、保守的になるのは当然ですし、また多かれ少なかれ歴史性をもってくると思います。そのような二重性を乗り越えようという努力はもちろん積み上げられてきてはいますけれども。

レヴィ゠ストロース　正直に言いまして、私は、その点では保守主義者になりますね。日本の芸術はほんとうに素晴しいものですし、またほんとうに独自性をもっていますから、若い芸術家が日本の伝統を尊重することを期待します。

日本では機会がありませんでしたが、パリでは日本の若い作曲家の作品をいくつも聴きました。作品としてはよくできていますし、評判は上々です。ですが、私としましては、もっと日本の伝統を尊重した作品はできないのだろうかと思いましたね。もちろん昔と同じものを作れというのではありません。日本音楽の伝統の延長線上にある作品ですね。

大橋　音楽については、伝統的形式に発展性を求めるのは現在では不可能でしょう。

レヴィ゠ストロース　それはヨーロッパでも同じです。伝統的な音楽の形式、すなわちバッハからストラヴィンスキーまでの調性音楽には、もう発展力はありません。若い作曲家たちは新しい道を探しています。もちろんその中で、日本の伝統とヨーロッパの過去をつぎ合わせるようなやり方はいちばんつまらないと思います。

大橋　日本研究の個別主義と普遍性に話をもどしましょう。

レヴィ＝ストロース　先ほどおっしゃられたことは、私もその通りだと思います。

しかし、誤解がないように申しておきますと、アメリカの文化人類学が犯した誤ちに陥らないようにしなければなりません。アメリカの文化人類学者は、かつてどのような社会に対しても、その社会について何も知らずに同じ方法を適用すれば研究ができると考えていましたし、現在でもある程度までその傾向が残っています。

ところが、研究対象となる社会が長い歴史をもっているとき、そのやり方は誤っています。無文字社会を研究するときには、たしかに文献はほとんどなく、五〇年前とか、一〇〇年前にその社会に接触した人の残した記録があれば、それを参考にするという程度で、歴史の方法で研究する割合が一〇パーセント、人類学的方法で研究する割合が九〇パーセントというようなことになります。

ところが、日本とかフランスのような歴史のある社会の研究では、その割合は逆転して、歴史学や文献学*の部分が九〇パーセントか九五パーセント、残りの一〇パーセントか五パーセントが人類学のもち分になります。ですから、かりに日本の村落を私が研究するという場合には、まず歴史的

＊　フィロロジー＝文献中心の個別言語研究。

な事実や古文書などを徹底的に調べ上げます。メラネシアやポリネシアの島の村落を研究するのとは方法的に非常に違ってくるのが当然です。私の研究室で七年前からフランスの村落の研究をやっています。リニュロル*から四〇キロメートルくらいの所にある村ですけれども、研究のために、その村の古文書を何もかも貸してもらって、いま私の研究室に運んできてあります。一七世紀からの文献が残っていて、その研究チームがまず最初にしているのは、村の歴史を細大もらさず再構成することです。そうしませんと、わかるはずのことがわからないようになりますし、きっと間違いをやります。まずとにかく、歴史、文献学、考古学から得られる知識は、全部調べ上げなければなりません。まず個別性に徹した研究が必要で、その後に人類学的考察がきます。

文化人類学は、歴史を無視する学問ではありません。日本にも同じ言い方があるかどうか知りませんが、フランス語に faire de nécessité vertu（必要に迫られて余儀なくやることを得手に転ずる）という諺がありますが、まさにそれですね。つまり人類学は、文献のない社会を研究するために、歴史家が知らなかった研究法を見つけ出しました。それまでの歴史的方法から無視され、軽視されていた事柄の中に、重要な材料がたくさんあることを発見しました。

私は『野生の思考』でサルトルを批判しましたが、それはサルトルが歴史の名において人類学を攻撃したからでしてね。止むをえず人類学を擁護したのです。私はできる限り歴史家であろうとしていますし、また深い意味で歴史的精神をもっているつもりです。

日本のイメージ

大橋　最後に先生が日本に来られる前に日本についてもっておられたイメージと、現実の日本とを比較して、どこが同じで、またどこが違っていたかをお話いただけませんか。

私たちは他の国についてあるイメージをもっていて、その国に関する私たちの判断や行動は、現実にもとづいてではなく、そのイメージにもとづいて行われるわけですし、また安易な旅行記ならばイメージと現実のずれを記せばできるわけです。現にヨーロッパ人が日本について書いたものを見ますと、依然としてイメージと現実のずれが大きいと感じます。また一般の日本人がフランスについてもっているイメージは、美術とエレガンスと恋愛と感覚性の国、学術では発想の妙、思いつきの国で……。

レヴィ＝ストロース　それはまったく事実とは違いますね。

大橋　そうなんです。ヨーロッパの体系的思考の中心、デカルトを生んだ合理論的思想の本家本元だというようなイメージをもっている人は少ないんですね。フランス語の学習にしても、学術交

＊　レヴィ＝ストロース氏の別荘のあるブールゴーニュの村。

流にしても、文化事業にしても、観光旅行にしても、貿易にしても、おそらくは外交にしても事実と違っているイメージを基準にして行われています。

そういうわけで、先生が日本についてもっておられたイメージと現実とがどう違っていたか興味があるのですが。

レヴィ＝ストロース　日本へ来る前に、東京から京都、大阪まではほとんど一続きのメガロポリスだということは知っていましたが、思いがけなかったのは、その人口密度ではなくて、その中に貯えられている若さのエネルギーです。圧力がかかって噴き出す釜のような感じです。町の風景が若さに満ちています。金沢でも、別に祭りの日ではなかったのですが、通りがまるで祭りのような華やいだ雰囲気で驚きました。

それから、西洋が抱いているイメージの一つに、日本人は個性がなく、集団機構の中に組み込まれてしまっているということがあります。たしかに部分的には真実なのでしょうが、事実の全面を反映してはいません。田舎の村へ行きましても、一軒一軒の家が、それぞれ自分の個性を出そうとしています。庭の樹木の植え方にしてもそうです。同じように人口密度が高くても、イスラム圏のある国々で見られるように、全体が一つに溶け合ってしまった個人性のない町とは違います。もちろん、お互いの生活が何から何までつつぬけで、お互いに私生活を制約しているというような村の社会の面もあるでしょうけれども。

大橋　全体主義国家的イメージをもたれては困るところがあります。

レヴィ＝ストロース　とにかく日本の場合は、集団性と個人性の間に、よくバランスがとれています。

大橋　イメージが事実に合致していたのはどんなことでしょうか。

レヴィ＝ストロース　ピエール・ロチ*の言った「日本人とは極度に複雑な人間だ」ということですね。これは今も信じますよ（笑）。

たとえば、私が「スリッパの弁証法」と名づけていることがあります。家に上がるときに靴を脱いでスリッパに履きかえますね。ある所ではまたそのスリッパを脱がなければならないし、またあるところでは別のスリッパに履きかえなければならない……（笑）。こういうことが、他の面でもいろいろありますね（笑）。

それから、日本人とユダヤ人の似ているところと違うところをお話ししておきましょうか。日本人もユダヤ人も、とても人に対して気をつかいます。いつも不安なんです。これは共通点ですね。ところが、その気のつかい方が違います。ユダヤ人は、人のために何かをしなければならないときはいつでも、いらないことをしていないか、やり過ぎになるのではないかと不安になります。ですか

＊　一八五〇〜一九二三年。フランスの海軍士官で小説家。日本にも滞在して『お菊さん』その他の作品を書き、西洋人の抱く日本のイメージの形成に大きな役割を果たした。

らなるべくしないようにする。ところが日本人は逆でして、何をしても、まだこれでは足りないのではないか、欠けているものがあるのではないかと気になるんですね（笑）。

国際交流基金の方がたが、私と家内のことにとても細かく気を配って下さって、至れり尽せりで、ほんとうに感激していますけれども、これがまさにその表われなんです（笑）。

（大橋保夫訳）

あとがき

クロード・レヴィ＝ストロースは、国際交流基金の招きにより、一九七七年十月十七日夫人同伴で来日、六週間滞在した。

日本訪問の目的は本書に収められた対談に述べられている通りである。自説を主張するために日本を訪れるつもりではないので、日本文化に自ら接し、日本人、それも学者だけではなく、とくに労働に従事している日本人、伝統文化を継承している日本人と直接に話したい、またそのために、なるべく農村、漁村や伝統産業地の訪問に時間を割きたいというのが希望であった。国際交流基金の方々の理解ある計らいと献身的努力によって、限られた日程の中でその要望は最大限に生かされ、レヴィ＝ストロースは非常に感謝して帰国した。派手な催しは一切なかったが、本人のためにも日本のためにも望ましい形の滞在であり、公的文化交流機関の存在意義をもっともよく発揮したケースの一つだと言えるであろう。

しかしながら、わが国においても多くの人に知的刺激を与えているレヴィ＝ストロースの、おそらくまたとない来日の機会をそれだけで終らせるのも残念なので、とくに依頼して、一般向きの講演が三回行われることになった。また、テレビや印刷を目的とした対談は避けたいというのが本人の強い意向であったが、結局は国際交流基金とＮＨＫの求めに応じて、二度対談が行われた。本書は、レヴィ＝ストロースが滞日中に行なったこれらの講演と対談のすべてを集め、それに非公開で行われたシンポジウムの記録を加えたものである。集めてみると、全体としてレヴィ＝ストロースの学問・思想の展望に好都合な書物ができ上った。

「構造主義」やレヴィ＝ストロースについての概説書の類は、わが国でもかなりの数が刊行されている。しかしその内容は必ずしも目的に相応しいものばかりとは言えない。人間科学の理論的基礎そのものが問題であるのに、狭い視野や表面的事実にとらわれがちなことや、学問についての基本的態度の文化による違いが十分に自覚されず、経験論的な枠を脱却し切れないことが、正しい理解を困難にしている大きな理由であろう。学問は普遍的であるはずだが、それについての考え方には、国によって歴史的条件の相違がある。またとくに人類学・民族学の考え方や、その置かれている立場をとっても、日本とフランスとでは違いがある。もっともこれらについては、日本を知らぬレヴィ＝ストロースに直接の答えを求めることはできないし、また日本人にとって、レヴィ＝ストロースの著作を読んだだけでは、観念的理解はともかく、実感は容易ではない。

しかし日本では、レヴィ＝ストロースや構造主義が『野生の思考』以後ジャーナリズム的論議の対象になってから紹介されたことや、いくつかの特定の立場からの批判的論考が、あたかも入門向き解説であるかのようにして出版されたり、レヴィ＝ストロースに続いた多様な思想・方法が「構造主義」として一まとめにされたりしたための混乱もある。これらについてはレヴィ＝ストロースに戻ってみるのがもっとも健全な方法であるはずである。ところが彼の著作は、ほとんどがかなりの知識、しかも、親族構造にせよトーテミズムにせよ神話にせよ、わが国ではあまり一般的でない知識を前提としていて、入門向きのものが少ない。かんじんの本人の著作よりも解説書の方が多く出るのはそのためである。

本書に収められた講演では、自分の学問領域である「民族学」のあり方について、その方法論である「構造主義」について、またもっとも大きな成果である「神話」の解釈について、さらに現在の研究対象である「労働」について、いずれもレヴィ＝ストロース自身が、現段階での自分の考え方を平易に説明している。レヴィ＝ストロースの学問の意義を知るためには、もちろん主要著作を読まなければならないけれども、本書は整理や手がかりとして役に立つであろう。

読者の中には、これから他の著作を読むつもりの方もあると考えられるので、それらとの関連を中心に、各篇について簡単な解説をつけておきたい。(本文中に解説を入れた「労働の表象」は、ここでは省くことにする。)

民族学者の責任

講演の内容は、現在世界的に民族学が置かれている危機的状況と、その中で研究者がとるべき道について、自分の見解を率直に述べたものである。しかしながらこの講演は、多くの日本人には意外の感を与えたと思われる。講演直後、控室に戻るレヴィ＝ストロースを案内しながら、日本の代表的人類学者の一人であり海外事情に精通した某氏がまず口にされたのは「日本の人類学者の意識とは非常に違う」という感慨であった。来日に先立ち、日本民族学の現況についてはかなり詳しく説明をしてあったのであるが、講演者にはこの日本人の反応がまた意外であったらしい。この相違は一般読者の理解にも重要であると思われるので、若干の説明を加えておく。

欧米における民族学の危機をよそに日本では、経済的発展やマスメディア・交通手段の発達に伴う異文化への全国民的関心を背景に、国立民族学博物館設立に象徴されるごとく、この学問はかつてない盛況にあり、研究水準の向上も著しい。また民族学者は世界中どこでも一般に歓迎されないのに、日本人は、一部地域を除いて、旧植民地支配国民でもなく白人でもないという特権と、日本という国家およびその経済力に対する相手側の期待によって、比較的優遇されている。しかしそれは民族学の後発国であることの裏面であり、極めて心もとない歴史的条件である。

国家や経済を背景とする立場は植民地主義につながる危険な道ではないか。また一般の無知や好奇心に迎合して「未開人」を食いものにする食人的人類学や、自文化の陰画として異文化を見た一人よがりの原始生活賛美はないか。端的に言って研究対象をどこまで人間視しているか。個別的事象と普遍性との関係をつきつめずに安易な一般化を行なっていないか。これらはいずれも、欧米の民族学が厳しく自己批判をして克服したものであり、責任論はその上に成り立つ。さきに記した某氏の一言は、日本の民族学の自戒と解釈したい。

レヴィ＝ストロースは、危機的状況の中にあって何ものにも屈しない民族学の正統を説く。それは、一貫して「未開人」に対する偏見と戦い、エスノサイドを告発し、虐げられる人々、失われゆく文化に深い愛情を寄せてきた学者の確信である。

しかしながら、講演の中にも述べられているように、このような民族学者の信念と、研究対象とされる人びとの意識との間に食い違いがあることは事実である。対象社会の問題を現在の状況の中に置いて取り上げようとする立場の研究者から、レヴィ＝ストロースのような立場にある民族学者に対する批判も出されている。この講演は、そのような事情を前提として、反論の意味をもこめて行われたものであると言えよう。なおレヴィ＝ストロースは、一九七七年四月に、パリでも同主旨の講演を行なった由である。

この講演は、その中でも言及されている（本書二二一ページ）コレージュ・ド・フランスにおける社会人類学講座開講記念講演「人類学の課題」（現在は『構造人類学II』に「人類学の領野」という題で収録されている。邦訳は仲沢訳『今日のトーテミスム』に併載。）と比較して読むと、レヴィ＝ストロースの人類学の考え方と、学問を取りまく状況の二十年の間の変化がよくわかる。また背景の理解には、ルクレール『人類学と植民地主義』（宮治訳、平凡社）が参考になる。民族学者としての自己形成は『悲しき熱帯』（川田訳、中央公論社）に述べられている。講演中の自分の体験の話も同書に出ている。

なお念のため用語について一言しておく。日本では「民族学」と「人類学」は実質的に同じだが、レヴィ＝ストロースはそれを区別する（本書一三六ページ以下参照）。個別文化の観察記述（民族誌）の比較研究ないし一般モデルによるその解釈である「民族学」に対し、「人類学」はそれに基づく人間の普遍性の探究である。（この三層構成は、一方で文化の個別性・多様性を尊重し他方で人間知性の普遍性を把握して文化の相対性を説く理論に対応する。）ただし他の研究者についてはその用語を尊重するので、英米の学者の場合は多く「人類学」になる。また文中の「ユマニスム」が現代の西欧的意味のヒューマニズムでもルネッサンス的ユマニスムでもなく、相対化されて一般的意味をもつことは言うまでもない。

翻訳は、講演の録音筆記に本人が後日加筆訂正したテキストによっている。原文は国際交流基金から刊行されている。

レヴィ＝ストロースは、自らのサルトル批判が契機となって「構造主義」が流行現象になってからも、つねにそれが研究の方法論であることを強調し続けてきた。したがってかつて広告の文章に用いられた「実存主義にかわる新思想」というような表現は、彼自身の考え方ではない。

もちろん、構造主義ブームと実存主義凋落とは密接な関連があるし、レヴィ＝ストロースに触発された思想家が多彩な活躍をして大きな思想的意味をもったことは確かで、一九六〇年代から構造主義はもはやレヴィ＝ストロースだけのものではなくなっていたが、『親族の基本構造』にはじまった構造主義のエピステモロジックな意義は、レヴィ＝ストロースが引いている言語や親族構造をはじめとする具体的な問題に即して理論的に深く考究しないと、ほんとうには理解され難いであろう。

構造主義紹介の本は少なくないが、そういう意味で、ここではレヴィ＝ストロースの考える構造主義を知るための著作をあげておく。さきにあげた『親族の基本構造』（馬淵・田島監訳、番町書房）のほか、小著ながらまことに鮮かな『今日のトーテミスム』（仲沢訳、みすず書房）、それに総決算とも言うべき『神話論』全四巻。そのほか、『仮面の道』（山口、渡辺訳、新潮社）や『アスディワル物語』（『構造人類学Ⅱ』所収、内藤訳、青土社）なども例としておもしろいが、やはり昔から難問として多くの第一級の知性を迷わせてきた大きな主題と取り組んだ著作の方が、取りつきにくくてもほんとうの理解のためには役立つと思う。なお『構造人類学』（みすず書房）に収められた「言語学と人類学における構造分析」（佐々木訳）は、構造主義的な考え方がはじめて明確に理論化して述べられた記念すべき論文であり、同じく「民族学における構造の観念」（川田訳）は、それが発表された事情を知り、マードックやラドクリフ＝ブラウンの著書と対比して読めば、英米の経験論的構造観とレヴィ＝ストロースの考え方との違いがよくわかる重要な論考である。

　無自覚の中にきわめて経験論的な日本の知的風土の中では、普遍性と個別性との関係をつきつめたレヴィ＝ストロースの理論は理解されやすいものではない。親族構造や神話についてのレヴィ＝ストロース批判を読むとき、その感を強くせざるを得ない。あれほど読まれたソシュールが、依然として多く誤解されているのと、まったく同質の問題である。構造主義の理論をほんとうに理解するには、レヴィ＝ストロース自身にとって「啓示」となり、彼が直接に理論や方法を借りている音韻論を勉強することが必要であろう。無限に多様な音声現象がいかにして統一的に説明され、それが言語の本質にどのような意味をもつかを実例によって知れば、構造主義の理論も方法も意義もわかりやすくなるはずである。これまた、トルーベツコイやヤーコブソンの基本的著作によるべきであるけれども、その手引にはヤーコブソン『音と意味についての六章』（花輪訳、みすず書房）が参考になる。

　なおこの講演のはじめの方に出ているオランダの構造主義についての話は、この講演の年に発行されたP. E. de Josselin de Jong 編の *Structural Anthropology in the Netherlands* (M. Nijhoff) のことを考えて述べられたものであろう。（この本には有名なJ. P. B. de Josselin de Jong, *Lévi-Strauss's theory on Kinship and Marriage* も収録されている。）また、本書四二頁に出てくるダーシー・ウエントワース・トムソンの書物の抄訳が最近『生物のかたち』（柳田ほか訳、東大出版会）として刊行された。なおこのダーシー・ウェントワース・トムソンは、古代ギリシアの動物名の同定研究やアリストテレスの注釈で古典学者の間で知られているトムソンと同一人物である。『神話論』第4巻『裸の人』の最終章には、この講演に述べられている構造観が、デューラー、トムソンなどの例もあげてより詳しく説明されている。

親族関係を数学的に説明したのはアンドレ・ヴェイユで『親族の基本構造』第十四章として発表された。

翻訳は、講演録音を転記した原稿にレヴィ＝ストロースが手を入れたテキストによった。原文は「民族学者の責任」とともに、国際交流基金から刊行されている。

神話とは何か

レヴィ＝ストロースの最大の業績は、四巻の大著に結実した神話論である。彼の神話論が取り上げられるとき、多くは個別的な神話の解釈か、もしくは分析法が問題にされるし、この講演の内容も主に方法を述べたものになっているけれども、レヴィ＝ストロースの場合に忘れてはならないのは、その前提に、神話というものの意義の解明および文化全体の中での神話の位置づけの把握があることである。

日本語では「神」の話になってしまうが、西欧の知的伝統ではミュトスはロゴスに対立し、不合理で、荒唐無稽な作り話なのである。（ギリシア語が用いられるけれども、もともと古代ギリシアにおいては、この二語の間にそのような明確な対立はなかったらしい。）レヴィ＝ストロースの神話論の基礎は、そのように非合理的なものとされているミュトスのロゴス、ロジックを明らかにしてその復権を図ることである。その理論的序説として、より一般的な展望を書いたものが『野生の思考』である。この視野を忘れてはならない。

誤解されることがあるので記しておくが、それは不合理的、非理性的なものを不合理的、非理性的なものとして評価しようとする立場ではない。神話の分析とはまさに不合理、非理性的とみなされてきたものの合理性を明らかにすることなのである。他方で歴史の非合理性を説き、その体系的・イデオロギー的解釈を批判する態度ときわだった対照をなす。

手続としては、文化の全体の中での位置づけ、民族誌的事実や自然との関連が重要であるが、それはこの講演ではほとんど述べられていない。しかし神話そのものの分析は、その上に立ってはじめて可能になる。しかも、レヴィ＝ストロースの目的は、個々の神話を越える一般的な意味づけの方法を探ることにあり、個別の神話の解釈の陰には、このようにいくつものレベルがある。神話解釈への適用が誤っておればもちろん正されなければならない。しかしこのような体系の場合には、一つの神話解釈に対して文献学的見地からの批判があっても、それは理論全体に対する疑問に直結はしない。

レヴィ＝ストロースの神話論として有名なのは『構造人類学』に収められた「神話の構造」（田島訳）で、かなり批判されたが、著者の考え方はその後少しずつ深められている。『神話論』四巻がレヴィ＝ストロースの説を知るために決定的な著作であることは言うまでもなく、それを除いては何を言うこともできないけれども、そのほかにもいくつか重要な論文がある。それらは「アスディワル物語」をはじめ、ほとんど『構造人類学Ⅱ』に集められている。この講演には、そのいくつかが要約されている。また講演に名が出てくるプロップの民話研究を論じた「構造と形式」もその中に収められている。なお、ペルスヴァル神話とオイディプス神話の対比、「熱い社会」と「冷たい社会」の問題は、コレージュ・ド・フランスの開講記念講演に出ている。

最近カナダで放送された『神話と意味』が出版された。この翻訳は近く雑誌『みすず』に掲載される予定である。

ＮＨＫと『国際交流』のための対談は、予定されていた対談相手がみな辞退されたため、最後にやむなく、まったく不適任な私が引き受けなければならぬはめになった。尋ねるだけであっても、話は相手によってすっかりかわってしまう。一般向きにと努力をしたけれども、とくにＮＨＫの方のは堅い内容になってしまった。レヴィ＝ストロース自身はうまくできたと機嫌がよかったが、放送局の方々は困られたに違いない。

放送に用いられたのは四割程度で、残った部分に、文化の問題に関心のある方には興味をもってもらえるような話題がいろいろあったので、文化人類学の方のお求めに応じて、時間の制限のために縮めた私の質問の一部を含めて、対談の全体を活字にした。

「未開と文明」という題は多岐にわたる内容に必ずしも一致しないけれども、放送のときのタイトルを尊重した。なおテレビでは対談のほかに生松敬三氏と私のコメントがついたが、ここでは省略した。担当されたディレクターは山崎羊右氏である。なお、録画のあと放送されないことになった話の若干が京都での講演『構造主義再考』に用いられた。そのため本書では両者に重複する部分がある。しかし話全体の流れも理解のために重要なので、そのまま再録することにした。

『国際交流』は市販されず、交流基金の関係者に配布される雑誌である。そこで滞日の最後に、何をどんな目で見たかを、まったく気楽な形で語ってもらった。人類学の専門家なら、自分のよく知らない文化について好んで語るということはありえない。だから、とくに異文化に対して謙虚なレヴィ＝ストロースから歯切れのよい日本論などは出るはずはない。それでも、レヴィ＝ストロースが何をしたか、どんなことに関心をもったかを知っていただくためには役立つので、再録することにした。レヴィ＝ストロースと言えば図式的解釈を考える人も少なくないようだが、よく知っている人なら、日本をあまり単純化せず、むしろその多様性に注目しているところが彼らしいと思われるはずである。最近のジャン＝マリ・ブノワとの対話でも、日本の歴史を勉強し、各時代それぞれの独自性に関心をもっているらしい様子がうかがえる。

ヨーロッパでも、左右を問わず全体主義的発想の出る素地はつねにあるし、他方で戯画的と言えるほどに誇張して東洋人、とくに日本人を没個性的・全体主義的と見る偏見が根強く存在する。またレヴィ＝ストロースの全体主義反対・人種的偏見批判の一貫した姿勢は、ナチズムの支配下にあって死の危険に曝された体験に裏うちされている。それを考えれば、彼が日本の多様性を語る意味もわかりやすくなろう。全体主義についてであれ自由についてであれ、レヴィ＝ストロースの現実認識はきびしい。NHKの記者とのインタビューで、「人質のなかったときは人類の歴史にほとんどない。ヨーロッパでは第一次大戦前のごく短かな一時期だけだ」と述べていたのを思い出す。

＊

「彼は社交がきらいで、学会にはほとんど出席したことがない。彼の学説について討論が行われているときに、彼の席はいつでも空である……」あまたの栄誉に包まれながら孤高の人類学者のイメージを、泉靖一教授はこう記した。それまでにも公私の機関が何度も彼を日本に招いたのに、一度もそれに応じたことがなかった。レヴィ＝ストロースと言えば、なんとなく、書斎に籠る、ドグマチックで気難しい、傲慢な理論家だと思われていた。

日本に来たレヴィ＝ストロースは、まさにその正反対で、寸刻を惜しんで日本の庶民の生活や伝統文化を足で見てまわった。私自身、植物図鑑を携えて行程の一部を共にしたが、日本の歴史や、食事の習慣から路傍の一木一草に至るまでの、あらゆるものごとに対する驚くべき知的探究心、自分の知らぬ文化に対して安易な判断を下さぬ徹底した慎重さ、人に対する細かな思いやり、どのような田舎でどのような人に接する時にもかわらぬ謙虚な態度に、非常に感心した。彼に会ったすべての方が、おそらく同じ爽かな印象をもたれたと思う。それは恐らく、すぐれた民族学者に不可欠の資質なのであろう。

（大橋保夫）

＊

本書に収録された講演・対談はそれぞれはじめ次の刊行物に掲載された。快く再録を承諾された国際交流基金、各出版社およびＮＨＫに謝意を表する。

「民族学者の責任」「外国文化シリーズ」第８号（国際交流基金）。『世界』一九七八年六月号（岩波書店）
「構造主義再考」「外国文化シリーズ」第８号（国際交流基金）。『海』一九七八年二月号（中央公論社）
「神話とは何か」『みすず』一九七八年二月号（みすず書房）
「労働の表象」（シンポジウム報告とも）『世界』一九七八年六月号（岩波書店）
「未開と文明」『季刊人類学』一九七八年第２号（講談社）
「一民族学者の見た日本」『国際交流』一九七八年冬季号（国際交流基金）

著者略歴

(Claude Lévi-Strauss, 1908-2009)

ベルギーに生まれる．パリ大学卒業．1931年，哲学教授資格を得る．1935-38年，新設のサン・パウロ大学社会学教授として赴任，人類学の研究を始める．1941年からニューヨークのニュー・スクール・フォー・ソーシャル・リサーチで文化人類学の研究に従事．1959年コレージュ・ド・フランスの正教授となり，社会人類学の講座を創設．1982年退官．アカデミー・フランセーズ会員．著書『親族の基本構造』(番町書房1977-78，青弓社2000)『人種と歴史』(みすず書房1970)『悲しき熱帯』(中央公論社1977)『構造人類学』(みすず書房1972)『今日のトーテミスム』(みすず書房1970)『野生の思考』(みすず書房1976)『生のものと火を通したもの〈神話論理Ｉ〉』(みすず書房2006)『蜜から灰へ〈神話論理Ⅱ〉』(みすず書房2007)『食卓作法の起源〈神話論理Ⅲ〉』(みすず書房2007)『裸の人1・2〈神話論理Ⅳ-1・2〉』(みすず書房2008，2010)『仮面の道』(新潮社1977)『神話と意味』(みすず書房1996)『はるかなる視線』(全2冊，みすず書房1986, 1988)『やきもち焼きの土器つくり』(みすず書房1990)『大山猫の物語』(みすず書房2016)『遠近の回想』(共著，みすず書房1991)『レヴィ＝ストロース講義――現代世界と人類学』(平凡社ライブラリー2005)『みる　きく　よむ』(みすず書房2005)『ブラジルへの郷愁』(みすず書房1995) 他．

編者略歴

大橋保夫〈おおはし・やすお〉 1929-1998．京都大学文学部仏文科卒業．元京都大学名誉教授，元名古屋外国語大学教授．

訳者略歴

三好郁朗〈みよし・いくお〉 1939-．京都大学大学院修士課程（仏文学専攻）修了．京都大学名誉教授，京都嵯峨芸術大学学長（2001-2013)．

松本カヨ子〈まつもと・かよこ〉 1938-2010．京都大学文学部卒業．元京都大学助手（教養部)．

大橋寿美子〈おおはし・すみこ〉 1937-．京都大学大学院博士課程（仏文学専攻）修了．元同志社女子大学教授．

構造・神話・労働

クロード・レヴィ＝ストロース日本講演集

大橋保夫編
三好郁朗・松本カヨ子・大橋寿美子訳

1979年 4月 5日 初 版第1刷発行
2008年 11月 10日 新装版第1刷発行
2024年 5月 28日 新装版第8刷発行

発行所 株式会社 みすず書房
〒113-0033 東京都文京区本郷2丁目20-7
電話 03-3814-0131(営業) 03-3815-9181(編集)
www.msz.co.jp

本文印刷所 精興社
扉・見返・表紙・カバー印刷所 リヒトプランニング
製本所 松岳社

ISBN 978-4-622-07430-4
［こうぞうしんわろうどう］